よくわかる！
保育士エクササイズ

4

保育の心理学
演習ブック

［第2版］

松本峰雄 監修

大野雄子/小池庸生/小林 玄/前川洋子 著

ミネルヴァ書房

はじめに

　保育を取り巻く社会情勢の変化、「保育所保育指針」の改定などを踏まえ、より実践力のある保育士の養成に向けて保育士養成課程を構成する教科目（教授内容等）が見直され、2018（平成30）年4月27日に告示され、2019（平成31）年度より適用されました。

　「保育の心理学」（講義2単位）は、改正前の「保育の心理学Ⅰ」（講義2単位）を見直し、その目標は、以下のとおりです。

1. 保育実践に関わる発達理論等の心理学的知識を踏まえ、発達を捉える視点について理解する。
2. 子どもの発達に関わる心理学の基礎を習得し、養護及び教育の一体性や発達に即した援助の基本となる子どもへの理解を深める。
3. 乳幼児期の子どもの学びの過程や特性について基礎的な知識を習得し、保育における人との相互的関わりや体験、環境の意義を理解する。

　本書は、演習科目である「保育の心理学Ⅱ」のためのテキストだったものを、本シリーズのコンセプトはそのままに、講義科目「保育の心理学」のために刷新した改訂版です。

　本書の特徴は、「保育の心理学」をはじめて学ぶ学生により理解できるような文章表現にした点にあります。文章表現はできるだけやさしく、難しい専門用語には解説を加え、また、理解が進むように図表や事例をあげ、さらに、それぞれのコマの最後に演習課題を設け、自ら学ぶことにより一層各コマの理解が進むように編集しました。

　保育者になった後もこのテキストは活用できるようになっています。このテキストを活用し、素晴らしい保育者を目指してください。

　2021年3月　　　　　　　　　　　　　　　　　　　　　　松本峰雄

0〜2歳までの発達表

● 子どもの発達の目安を表にして

		〜6か月	〜1歳
生活	睡眠	・新生児は昼と夜の区別が不明瞭。 ・1〜3か月ごろまでは15〜20時間、4〜6か月ごろでは13〜15時間。 ・昼寝は午前、午後とも必要。 ・生活リズムを形成するのに重要な時期。	・睡眠時間は12時間程度に。 ・昼寝の回数は徐々に減るが、まだまだ午前睡が必要。
	食事	・2〜3か月ごろまでは、2〜3時間ごとに授乳する。1日で8回程度。	・離乳食へ移行する時期。離乳初期（5〜6か月）はペースト状のものを1日1回、離乳中期（7〜8か月）は舌でつぶせる程度の硬さのものを1日2回、離乳後期（9か月以降）は歯茎で噛める硬さのものを1日3回与える。
	排泄	・膀胱（ぼうこう）に尿がたまると、自然に排泄（はいせつ）が起こる。	・便意をもよおすようになる。
	着脱		
	清潔		
遊び		・首がすわれば、クッションなどの支えを用いながら腹ばいで遊ばせる。うつぶせやねがえりといった新しい姿勢を体験させるようにする。 ・あやし遊びで、笑顔を引き出すようにする。	・だっこして揺すられる経験により、平衡感覚が身につく。 ・モビールなどのつりおもちゃ、ガラガラやにぎにぎなどの握るおもちゃで、見て触って楽しむおもちゃで感覚の発達を養う。
身体的発達		・みずから手を伸ばしてものをつかむようになる。 ・ものにふれると、手指が開く。 ・6か月ごろになると、ねがえりができるようになる。	・ずりばいから四つばいができるようになる。 ・つかまり立ちから伝い歩きができるようになる。 ・両手を床から離したお座りができるようになる。 ・入れる、くっつけるなどの手指の操作ができるようになり、小さいものであれば親指と人さし指でつまむこともする。
知的発達		・不快なことがあると泣いて周囲に知らせる。 ・6か月ごろになると、子音を発する。 ・あやしに微笑み返す、社会的微笑をするようになる。	・喃語（なんご）の発達が盛んになる。 ・指差し、手差しがみられるようになる。 ・8か月不安から人見知りが始まる。
保育課題		・一人ひとりの生活リズム、発達過程に合わせた環境づくりが課題。 ・食事、睡眠など、生理的欲求を満たすこと。 ・あやし遊びをすることでコミュニケーションの土台をつくる。	・成長とともに歩行できるように、ねがえり、四つばい、つたい歩きなどを適切な時期を見極めて援助していく。
実践の重点および配慮		・おむつ交換は重要なスキンシップの機会に。 ・睡眠中、正常な呼吸ができるように配慮する。	・揺さぶり運動は平衡感覚を養うが、激しい揺さぶりは脳が完全に形成されていないため、危険。

います。本文と合わせて学習すると効果的です。

～1歳半	～2歳
・ 午睡が1回になってくる。	
・ 離乳食が完了する。	・ 食べこぼしをするが、スプーンやフォークを使ってみずから食べるようになる。
・ 膀胱に尿をためることができる。	・ 歩けるようになると、膀胱に尿がたまったことを自覚できるようになる。
	・ 握力がつき始め、ズボンをはこうとする。
	・ 蛇口をひねってもらえば、自分で手を洗うようになる。
・ 好きなおもちゃで誘う"おいでおいで"など、はいはいができるような遊びをする。 ・ 座れるようになれば、両手が使える遊びを。 ・ 台の上におもちゃを置いて、つかまり立ちをしながら遊べる遊びで立位のバランスを養う。	・ 歩けるようになってくるので、全身を使って遊ぶ。砂山や泥んこなど地面が不安定なところで遊ぶと足腰がよく動くようになる。 ・ 手首の動きも豊かになるので、クレヨンなど握りやすく描きやすい画材を使って、楽しく絵を描く。
・ 歩行が始まり、階段も1段ずつのぼれるようになる。 ・ しゃがんだ姿勢で遊べるようになる。	・ 階段ののぼりおりが両足を1段ずつそろえてできるようになる。 ・ 下り斜面を歩ける。
・ 単語を組み合わせて言葉を発するようになる。 ・ 「ちょうだい」のやりとりなど、ものを介してコミュニケーションがとれる。	・ 言葉の理解が進み、二語文を話し始める。
・ 排泄の自立には個人差があるため、焦らず適切に対処していく。	・ 歩行ができるようになったり、言葉を習得し始めたり、人やものとの関わりが広くなる。自分の意思を伝えたい欲求が出てくるので、大切に受け止めていくことが必要。
・ 転倒しやすい時期であるため、注意が必要。	・ 着脱など身辺の自立は、子どもの達成感に共感し、尊重する。

2〜6歳までの発達表

● 子どもの発達の目安を表にして

		〜2歳半	〜3歳
生活	睡眠	・午前睡をしない子どもが多くなる。	・睡眠時間は11〜12時間程度になる。
	食事	・スプーンやフォークが使えるようになる。	・意欲的に食べるようになり、上手にスプーンやフォークが使えるようになる。
	排泄	・便意や尿意を感じると、トイレに行こうとする。	・便意や尿意を周囲に伝え、トイレでするようになる。我慢もできるようになる。
	着脱	・「自分で」と主張し、協力を得ながら上着を着られるようになる。	・みずから衣服を着るようになる。
	清潔	・清潔、不潔がわかり、手を拭いたり、鼻を拭こうとしたりする。	・乳歯がそろい、歯磨きに興味をもつ。
遊び		・見立て遊び、つもり遊びで表現力の豊かさを養う。	・三輪車をまたいで、足で進む。 ・「ままごと遊び」、「おでかけごっこ遊び」などのごっこ遊びができる。
身体的発達		・全身運動が盛んになり、段差を飛びおりたり、溝をまたいだり、抵抗があっても姿勢がとれるようになる。 ・速い遅い、強い弱い、高い低いなどを調整した動作ができる。	・左右交互に足を上げて階段をのぼれるようになる。 ・前方にジャンプができる。 ・開脚や背伸び、股のぞきなど、さまざまな姿勢がとれるようになる。
知的発達		・300〜500語に語彙が増える。 ・多様な二語文を話すようになる。 ・あいさつができる。 ・自我が芽生え、自分の領域を意識する。	・1,000語に語彙が増える。 ・「なんで?」という問いを発することが多くなる。
保育課題		(自我・社会性) ・自分でしたいという気持ちが強くなる時期なので、その欲求を大切に受け止め、必要なサポートをする。	・身体の発達が盛んになるので、存分に身体を動かすことができる場所や時間を確保する。
実践の重点および配慮		・見立て遊びやつもり遊びには、子どもなりの意味のある世界が存在する。幼児期の表現を豊かにするものであるので、十分に環境を整える。	・話し言葉が豊富になり、コミュニケーションをしたい気持ちが強くなるので、積極的に会話を引き出す。 ・いろいろな質問にていねいに答えることで、思考能力や言語能力が養われていく。

います。本文と合わせて学習すると効果的です。

〜4歳	〜5歳	〜6歳
・夜泣きせず、一晩中寝るようになる。 ・昼寝をしない子も出てくる。	・昼寝をしない子ども、嫌がる子どもが出てくる。	・睡眠時間は10〜11時間程度となる。 ・昼寝を必要としない子どもが多くなる。
・箸を使って食事をし始めるようになる。	・スプーン、フォーク、箸を適切に使えるようになる。 ・苦手なものでも、食べようとする。	・ほぐしたり、つまんだりなど箸を上手に使って食べられる。 ・食べられる分量がわかるようになり、食事のマナーも身についてくる。
・尿意を感じると、一人でトイレに行くようになる。	・トイレでするようになり、後始末もできるようになり始める。	・後始末ができ、失敗しなくなる。
・大きなものであれば、ボタンもはめられる。	・裏返った衣服を直したり、ボタンの留め外しができるようになる。	・着脱の順序を理解でき、衣服の調節もできるようになる。
・みずからすすんで手や顔を洗おうとする。 ・歯を磨き始める。	・汚れを嫌がり、衣服の交換をするなど身体の清潔さを保とうとする。 ・正しい歯磨きができるようになる。	・積極的に身だしなみを整えるようになる。 ・お風呂で自分の身体が洗える。
・長い時間歩けるようになる。走る、跳ぶ、登るといった全身遊びで発達を促す。 ・ボールを使った、キャッチボール、的あてゲーム。	・ハサミを使った工作。 ・歌に合わせて動く遊び。 ・簡単なルールであれば、集団での遊びができる。	・鉄棒、大縄跳びなど全身を使った遊び。 ・ルールのある集団遊びができる。 ・お店屋さんごっこなど、集団のなかで役割をもった遊びができる。 ・廃材や木の実などの自然のものを使った立体的な工作。
・手指の操作が自由にできるようになり、左右の手を交互に開閉することができる。 ・三輪車をこぐことができる。	・平衡感覚が発達し、片足ケンケンができるようになる。	・竹馬、うんてい、跳び箱など、身体を制御しながら動作する力が身につく。
・語彙は1,500語に増える。 ・数を認識するようになる。 ・年上の子のすることをまねたり、年下の子に何かをしてあげようとする。	・語彙は2,000語に増える。 ・自制心が芽生え始め、社会性が出てくる。	・語彙は2,000語を超えるようになる。 ・自分の左右、相手の左右がわかり始める。 ・筋道を立てて、相手に説明ができるようになる。
・健康で文化的な生活ができるように、自然にふれたり、動物の世話をしたり、豊かな時間が過ごせるように配慮する。	・集団をとおして大きく成長をする時期。ルールを守るなどの自制心の形成を見守り、子どもの存在を肯定する環境をつくる。	・話し言葉、書き言葉、数量など、教科学習を始める前に身につけておきたい事柄のサポートをする。
・乳児期に形成した自我と、社会のなかでどう行動するかという第二自我が存在するため、子どもの発する言葉を聞き逃さず、受け止めていくことが大切。	・〜シナガラ〜スルという協応運動が発達する時期。両手、目と手などの協応運動を獲得できるように配慮する。	・「つぶやき語」を見逃さず、言語による行動の自己コントロール機能の発達をみておく。友だちの前で発表するという経験をすることで、内言の発達を促す。

CONTENTS

第**3**章

子どもの学びと保育

本テキストは「指定保育士養成施設の指定及び運営の基準について」（平成15年12月9日付雇児発第1209001号、最新改正子発0427第3号）に準拠し、「保育の心理学」に対応する形で目次を構成している。

本書の使い方

❶まず、「今日のポイント」でこのコマで学ぶことの要点を確認しましょう。

❷本文横には書き込みやすいよう罫線が引いてあります。授業中気になったことなどを書きましょう。

❸語句説明、重要語句やプラスワンは必ずチェックしましょう。

❹授業のポイントになることや、表、グラフを見て理解してほしいことなどについて、先生のキャラクターがセリフでサポートしています。チェックしましょう。

❺おさらいテストで、このコマで学んだことを復習しましょう。おさらいテストの解答は、最初のページの「今日のポイント」で確認できます。

❻演習課題は、先生にしたがって進めていきましょう。一部の課題については巻末に答えがついていますが、あくまで解答の一例です。自分で考える際の参考にしましょう。

動画について

一部のレッスンでは、テキストの内容に関連する子どものYouTube動画を視聴することができます（一部、動画を使った課題も掲載しています）。

●視聴方法

❶動画アイコン（動画）に表示されているQRコードを、カメラ付き携帯電話などで読み取ります（読み取りの方法は、携帯電話の機種によって異なります。ご不明点につきましては各メーカーにお問い合わせください）。

❷動画が掲載されているYouTubeサイトのURLが表示されるのでクリックすると、アクセスできます。

❸動画の再生ボタンを押し、動画を視聴します。

　※ミネルヴァ書房ホームページ内の以下のURLでも視聴が可能です。

　https://www.minervashobo.co.jp/news/n39697.html

（注意）

・動画の著作権は、著作者およびミネルヴァ書房に帰属します。動画の一部または全部を無断で複製、転載、改変、配布、販売することを禁止いたします。ご不明点は、ミネルヴァ書房までお問い合わせください。

・動画の再生や視聴にあたってはデータ通信を行うため、通信料が発生します。発生したデータ通信費用につきましては視聴者のご負担となります。

・動画の視聴にあたって生じた損害につきましては、責任を負いかねます。ご了承ください。

第 1 章

IIIIIIIIIIIIIIIIIIIIIIIIIIIIIIIIIIIIIIIIIIIIIIIIIIIIIII

発達をとらえる視点

この章では、なぜ保育者は子どもの発達を理解して
おかなければならないかについて学びます。
「発達」というものをとらえる視点について、
さまざまな心理学者の理論や実験をとおして、理解していきましょう。

子どもの発達を理解することの意義

今日のポイント

1 発達の理論と実践をつなぎ、子どもを理解する。

2 発達の道筋をとらえると、適切な支援につながる。

3 発達を理解するための手法には、保育者による行動観察、保護者からの聞き取りや発達検査・知能検査がある。

1 なぜ発達について学ぶのか

なぜ保育者*は、発達を学ぶのでしょうか。その目的は、子どもを理解するためであり、発達を知ることで子どもに適した関わりがもてるようになるからです。

子どもを理解するために大切なのは、発達に関するさまざまな理論を知ることです。子どもの一般的な発達の道筋をしっかりとおさえることが実際の対応とつながっていきます。

さまざまな理論や手法について学んだら、今度は自分の経験と結びつけることで、目の前にいる子どもへの理解が進みます。保育者は、保育の専門家です。子どもと保育者が適切な関係を結び、子どもがどのような気持ちなのかをとらえていきます。また、子どもの行動の背景に何があるのかを考え、客観的な視点で保護者に対して指導することもあります。このような幅広い活動において、常に理論と実践のバランスを保ち、学ぶ姿勢で取り組むことが大切です。

「発達を学んだうえで適した関わり方をすることは、保育効果をもたらす」ということについては、次のような例があります。

ある保育者がねがえりができなかった子どもに対し、「もう少しでねがえりをうてるようになるわよ。ほら、がんばれ、がんばれ」と興味のあるおもちゃを示しながら腰を動かすのを少し援助したところ、本当にねがえりができてしまいました。このように発達段階を知っていれば、保育者は、子どもの「動きたい」という気持ちを理解して、的確なタイミングで援助することができます。

ロシア（旧・ソ連）の心理学者ヴィゴツキーは、「発達の最近接領域*」という考え方を示しています。子どもにとって「できるか、できないか」というレベルの課題を与えることが子どもの好奇心を刺激し、興味や関心

語句説明

保育者

→本書では、保育士と幼保連携型認定こども園の保育教諭を表す。

発達を知っていたら、子どもの変化に一喜一憂せず、落ち着いて見守ることができますね。

重要語句

発達の最近接領域

→最近接領域とは、子どもが自力で到達できる水準と指導のもとで到達できる水準との間の領域をいう。

を育てていくということを指摘しています。

　乳幼児期は、人格の土台をつくるときです。適切な支援で子どもの発達を支え、揺るぎない土台とすることが、子どもの健やかな成長には欠かせません。したがって、そのためには子どもの発達に関する十分な知識が必要です。

2 発達の原理、原則

　発達を学ぶうえで重要なことは、すべての人に共通する普遍的な発達の原理、原則をとらえることです。その主なものとして、連続性、順序性、方向性、異速性、分化と統合、相互関連性などがあります。

1 連続性

　発達は常に連続的に進んでいます。表面的には発達が止まっているように見えたとしても、また、突然その発達が現れたように見えても、身体や精神はいつでも変化（成長）し続けているため、その時期に現れている、一見無意味と思われる行為を認めることが大切です。不用意に制止したり、怒ったり、イライラしたりする前に、将来のために必要なことを培っているのかもしれないと考えてみることが大切です。

2 順序性

　発達は一定の決まった順序で進行していきます。アメリカの研究者シャーレイは、乳児期の運動発達は、「胎児姿勢（０か月）→あごを上げる（１か月）→胸を上げる（２か月）→支えられて座る（４か月）→膝の上に座ってものを握る（５か月）→いすに座る（６か月）→一人で座る（７か月）→支えてもらって立つ（８か月）→家具につかまって立つ（９か月）→はいはいする（10か月）→手を引かれて歩く（11か月）→家具につかまって立ち上がる（12か月）→階段をのぼる（13か月）→一人で立つ（14か月）→一人で歩く（15か月）」と順序どおりに経過していくことを述べました（図表1-1）。もし順序が乱れたり飛躍したりする場合には、発達上の何らかの問題が生じていると考えられます。

3 方向性

　発達は一定の方向に向かって進みます。身体の発達では、「頭部→頸部→胸部→腹部→脚部」というかたちで進む、頭部から尾部への方向性と、「肩→腕→手首→指先」というかたちで進む、中心から末梢部に向かう方向性があります（図表1-2）。

4 異速性

　発達は絶え間なく進んでいきますが、その速さは部位によって異なりま

● 図表 1-1　写真と動画で見る運動発達の順序

首が座る （3か月）	支えられて座る （4か月）	寝返り （5か月）	一人で座る （7か月）	支えられて立つ （8か月）	家具につかまって 立っていられる （9か月）
				動画 1-1 （QRコード）	動画 1-2 （QRコード）
はいはい （10か月）	手を引かれて歩く （11か月）	家具につかまって 立ち上がる （12か月）	階段をのぼる （13か月）	一人で立つ （14か月）	一人で歩く （15か月）
動画 1-3 （QRコード）	動画 1-4 （QRコード）	動画 1-5 （QRコード）		動画 1-6 （QRコード）	

出典：Shirley（1931; 1933 a, b）をもとに一部改変

● 図表 1-2　粗大運動の発達方向

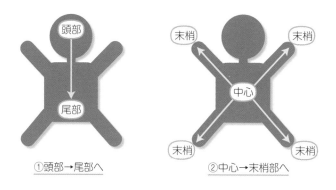

①頭部→尾部へ　　　②中心→末梢部へ

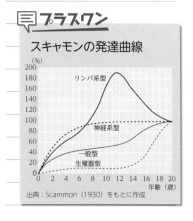

す。アメリカの医学者・人類学者である**スキャモン**は、20歳のときの身体各部・器官の重量を 100 として、20歳に至るまでの各発達時期の身体各部・器官の重量の割合を発達曲線で表しました。大脳や脊髄の神経系の発達は 6 歳の段階までに急速に進みますが（成人の 90％）、睾丸・卵巣などの生殖器は 12 歳頃の思春期に入るまでほとんど重量が変化しません。

5　分化・統合

　発達の段階において、最初は未分化だったものが分化し、いくつかの分化した状態のものが統合されるようになります。たとえば、乳児がものをつかむとき、最初は未分化な 5 本の指すべてで握るようにもちますが徐々に必要な指だけでつまむようになるなど、相互的に整合性がとれるように

●図表1-3　もののつかみ方の発達

16週：物に触れず 　20週：触れるだけ 　20週：握る 　24週：握る

26週：握る 　26週：てのひらで握る 　32週：てのひらでよく握る

36週：指でつかむ 　52週：指でつまむ 　62週：指でつまむ

出典：山下俊郎『幼児心理学』朝倉書店、1955年、43頁

把握反射（生後10日）

握る（4か月）

手のひらで握る（8か月）

指でつまむ（1歳3か月）

なっていきます（図表1-3）。

6　相互関連性

　心身の各機能は、それぞれが互いに独立して発達していくのではなく、相互に関連し合って発達していきます。たとえば、幼児期の運動能力の発達は、幼児の社会性の能力や知的能力の発達に大きな影響を及ぼす傾向があります。

3　発達の個人差

1　個人差とは何か

　前節で述べたとおり、発達には一般的な道筋はありますが誰もが同じ時期に同じ早さで成長するわけではありません。そこには個人差があります。一人ひとりが、その子ならではの歩みで成長を続けるのです。

　ある姉妹の例です。姉のAちゃんは生まれたときから敏感で、小さな音でも泣いて目を覚まします。Aちゃんは環境に慣れにくく、しばらく抱いていないと寝つかないという子でした。言葉を話すようになると、鳥を指差し、「とっと」と言い、しばらくすると「とり」としっかりした発音で言い始めました。一方、妹のBちゃんは、少しの音では起きることもなく、おなかがすいたときに規則的に起き、ミルクを飲んだらすぐに寝ます。Bちゃんは環境の変化に順応的で比較的育てやすい子でしたが、言葉を理解し始めると、反応はよいものの単語の語尾しか言わないという特徴があり

13

ました。たとえば、「マンマ食べる?」とたずねると「るぅ（たべる）」と答えたり、「ごはんだよ」に対して「はん（ごはんだね）」と笑ったりします。また、「どれ食べたいの?」と聞いても「るぅ（みそしる）」というように答えます。このように、たとえ姉妹であってもその発達の歩みは同じではありません。

2 個人差を規定するもの

個人差を規定するものとして、遺伝要因と環境要因があげられます（➡ 2コマ目を参照）。前述の事例でも、姉妹がもって生まれた遺伝的な気質だけでなく、親の対応が姉のときよりも妹のときのほうが子どもの扱いに慣れているなどの、環境要因の影響があるかもしれません。しかし、この両方の要因の影響を分離して明らかにするのは困難なことです。

保育の場では、さまざまな生育環境*で育てられている子どもたちが集まっているため、家庭での過ごし方や経験によって生じる個人差にも当然、幅があります。そのことに留意して保育に当たることが大切です。

さらに、個人差を規定するものの一つに気質*があります。アメリカの心理学者のトマスとチェスは生後間もない乳児の気質を9つのカテゴリーに分類しました。そのうえで、「扱いやすい子」「出だしの遅い子」「扱いにくい子」という3種類に分類しました（図表1-4）。

●図表1-4　9つの気質の特徴と3つのタイプ

子どものタイプ		扱いやすい子	出だしの遅い子	扱いにくい子
活動レベル	不活発時に対する活発時の割合	ばらつきがある	低～適度	ばらつきがある
規則性	摂食・排泄・睡眠の規則性	とても規則的	ばらつきがある	不規則
気の紛れやすさ*	態度を変える刺激の程度	ばらつきがある	ばらつきがある	ばらつきがある
接近・回避	新しいものや人への反応	明確に接近	はじめは回避	回避
順応性	環境変化への慣れやすさ	とても順応的	ゆっくり順応する	ゆっくり順応する
注意持続時間・持続性*	散漫だったときに対する没頭していたときの時間	ばらつきがある	ばらつきがある	ばらつきがある
反応強度	質や内・外を問わない刺激への反応の強さ	低いまたは穏やか	穏やか	激しい
反応閾値*	反応を誘発するのに必要な刺激の強さ	ばらつきがある	ばらつきがある	ばらつきがある
機嫌	不快、愛想のない様子に対する、親しみやすく、愉快で、楽しい様子の量	機嫌がよい	少し不機嫌	機嫌がわるい

※3つのタイプに分類ができていないものとされている。
出典:Thomas, A. & Chess, S.(1970)"The Origin of Personality," *Scientific American*, 223(2), pp.102-109をもとに一部改変

重要語句

生育環境

→胎児から青年に至る子どもの発育、養育、自立の環境のことをいう。生育空間、生育時間、生育コミュニティ、生育方法の4つの要素がある。

気質

→その人が生まれながらにもっている行動上の性質・特徴のこと。性格は、気質と環境の両方の影響を受けてつくられる。

プラスワン

3つのタイプの割合

トマス、チェスによると、「扱いやすい子」は40%、「出だしの遅い子」は15%、「扱いにくい子」は10%、「平均的な子」は35%に分類された。

重要語句

閾値

→ある反応を起こさせる最低の刺激量。境目となる値のことをいう。

4　多様な発達への理解

　前節で取り上げたとおり、発達には個人差があります。しかし、なかには、以下のような要因で発達に個人差が生じていることもあるので、気になる点がある場合には注意を払い、支援の手立てを考えることが大切です。

1　気質が要因として考えられるもの

　気質は、人間が生まれながらもっているもので、性格の基盤となるものですが、気質により発達に個人差が生じるもののなかには、保育者の配慮が必要なものもあります。たとえば、気質により、食事・睡眠・排泄などの生活リズムが一定していないと集団生活への適応のしにくさにつながります。また、人見知りの強い子どもは、母親から離れられなかったり新しい場に慣れにくかったりと、なかなか自分を出せないことが多くあります。このような場合には、子どもの成長を長い目で見つめ、さまざまな経験をとおし、対人面での成長ができるよう見守ることが大切です。また、家庭と協力し、子どもの様子に留意しながら、徐々に生活リズムの改善を図っていきます。

2　家庭環境が要因と考えられるもの
❶ 虐待など不適切な養育が考えられる場合

　不適切な養育環境が発達の個人差につながる場合もあります。かっとなりやすい、すぐに暴力に訴える子どもは、保育の場では比較的わかりやすく発見もしやすいものです。この場合、保育者は、なぜこのような態度をとるのかという背景を考えてみる必要があります。たとえば、保護者がかっとなりやすく子どもを受け止められない場合、子ども自身も受け止められた経験がありません。虐待を受けた子どもの心理的ケアを行っている西澤哲（山梨県立大学）によれば、アタッチメント（愛着）が適切に形成された子どもは、成長するにつれて心のなかのイメージに支えられ、自分一人の力で安定した状態を回復できるようになりますが、不適切な養育環境に置かれた子どもはアタッチメントが適切に形成されておらず、「キレる」状態になりやすいとしています。また、親の暴力を見て、同じように暴力に訴えてしまっている可能性も考えられます。

　このような状況が疑われる場合は、保育所等＊で対応が可能かどうかを見極め、他機関との連携を視野に入れ、保護者への支援を図っていく必要性があります。

❷ 保護者が育児不安やうつを抱えている場合

　保護者と愛着が形成され、安定した環境で過ごすことが望まれる乳幼児期であればこそ、保護者のストレスや不安定な環境からくる情緒的な影響を受けやすいものです。

　たとえば、父親が育児参加に消極的で、母親が相談相手もなく不安な気

1コマ目　子どもの発達を理解することの意義

プラスワン

児童虐待の定義
①身体的虐待
殴る、蹴る、投げ落とす、激しく揺さぶる、やけどを負わせる、溺れさせる、首を絞める、縄などにより一室に拘束するなど。
②性的虐待
子どもへの性的行為、性的行為を見せる、性器を触る又は触らせる、ポルノグラフィの被写体にするなど。
③ネグレクト
家に閉じ込める、食事を与えない、ひどく不潔にする、自動車のなかに放置する、重い病気になっても病院に連れて行かないなど。
④心理的虐待
言葉による脅し、無視、きょうだいの間での差別的扱い、子どもの目の前で家族に対して暴力をふるうなど。
出典：厚生労働省ホームページ「児童虐待の定義と現状」
https://www.mhlw.go.jp/stf/seisakunitsuite/bunya/kodomo/kodomo_kosodate/dv/about.html
（2020年10月5日確認）

語句説明

保育所等
→本書では、保育所・認定こども園のことを指す。

持ちで子育てをしている場合があるかもしれません。また、育児によるうつの症状を抱えている親もいるかもしれません。このよう場合、子どもにとっての応答的対応が十分でない場合が考えられます。保育者は、「ともに育てている」という対応を心がけ、保護者の子育てに関する不安を軽減させること、加えて地域の資源を有効に活用し、保護者のサポート体制をつくり、支援していきます。

❸ 夫婦関係のつまずきによる子どもへの影響

　家庭内の問題として、夫婦間の関係がうまくいかず、子どもの前でけんかをしたり、離婚をしたりする場合もあります（➡わが国の離婚件数は図表 1-5 を参照）。本来は、夫婦それぞれが大人であり、家庭内のことなので保育者が介入する問題ではありません。しかし、子どもが、両親の仲たがいや離婚をどのようにとらえ影響を受けているのかを知ることは、保育者が子どもに関わるうえで大切なことです。ベス・ゴフの『パパどこにいるの?』（日野智恵・日野健訳、明石書店、2006 年）という絵本は、両親が離婚をした子どもの心の理解とケアのための本ですが、子どもの気持ちがよく表されています。主人公の幼児ジェイニーは、ある日突然父親がいなくなり、「自分がイライラしていたから、パパがいなくなったのかな」

💬 プラスワン

わが国の婚姻率、離婚率

「令和元年 人口動態統計（確定数）」（厚生労働省、2020年）の年間推計によれば、婚姻件数は、約59万9,000組で婚姻率（人口千対）は4.8、離婚件数は、約20万8,000組で離婚率は1.69と推計されている。

●図表 1-5　人口動態総覧の年次推移

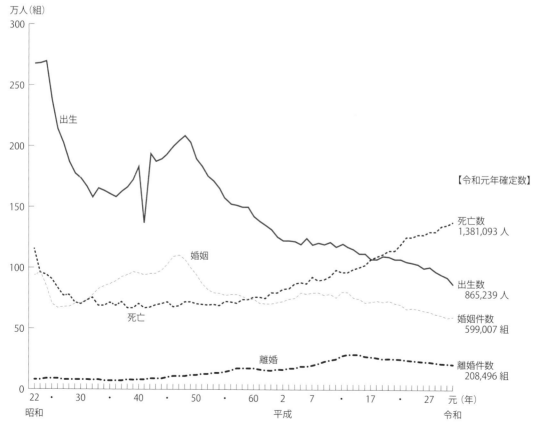

出典：厚生労働省「令和元年 人口動態統計（確定数）」2020年

と自分を責めます。両親が離婚をするということを聞いても、ジェイニーはわけがわかりません。母親は仕事を始めなければならず、いつも一緒にはいられなくなります。大切な人が自分のところから次々といなくなってしまい、自分から離れ、庭で遊んでいる愛犬に八つ当たりをしてしまいます。この本からもわかるとおり、子どもは、両親の離婚を「自分のせいで……」と思い情緒が不安定になることが少なくないということを知っておくのは、保育者として大切なことです。

3　「気になる子ども」「育てにくい子ども」といわれる子どもたち

　保育のなかで、「気になる子ども」「育てにくい子ども」といわれる子がいます。発達が気になる子どもの支援を行っている木村順によれば、「発達障害と診断を受けたわけではないが、いわゆるグレーゾーンといわれ、適応力のゆがみがみられる子どもは、健常児の3割にのぼる」とのことです（木村順『保育者が知っておきたい発達が気になる子の感覚統合』学研プラス、2014年、9頁）。

　「気になる子ども」の特徴としては落ち着きがなく動き回り、すぐ部屋から出て行ってしまう、砂や粘土を嫌がって触ろうとしない、人との関わりやふれあいを拒否する、抱っこやおんぶがしにくいなどがあります。背景には、感覚統合*のつまずきや未発達が考えられています。これらも子ども一人ひとりの個人差とみて理解し、その対応を保育に生かしましょう。

5　発達を理解するための手法

　子どもの発達を理解するためには、さまざまな手法を使い、子どもを多面的かつ客観的にとらえることが大切です。必要に応じて、専門の機関と協力するなどして、子どもにとって最善の支援を導き出していきます。

1　保育者による行動観察

　保育者が子どもを観察する場合、その多くは自然観察法を行います。自然観察法とは、子どもが何ら干渉を受けないときに自然に起こる行動を観察することです。また、観察の形態としては、観察者（保育者）が子どもと遊ぶなど、直接的に関わりながら共通体験をもつことにより、子どものいる環境の内部からの観察ができる参加観察と、関わりをもたずに観察をする非参加観察とがあり、保育中の状況によって適切な選択ができるよう、ふだんから意識して保育に臨むことが大切です。

❶ **行動観察の視点の例**（必要なものについては図表1-6参照）
- 年齢からみた一般的な発達とのずれ
- 見る力、話す力、聞く力
- 運動面の発達

重要語句

感覚統合

→人間には、触覚、視覚、聴覚、味覚、嗅覚のいわゆる「五感」に加え、固有覚（手足の状態や筋肉の伸縮、関節の動きを感じる感覚）、前庭覚（体のバランス、スピードを感じる感覚）の7つの感覚がある。人間は、脳の働きによって、これらを上手に整理しながら生活をしている。ところがこのはたらきが未発達の場合、情緒面、対人面、言語面などで困ることがある。

●図表 1-6　行動観察に必要なもの

〈準備するもの〉
・お気に入りのおもちゃ
・音や光の出るおもちゃ、感覚遊びのできるおもちゃ
・体を動かして遊ぶことのできるおもちゃ（ボールなど）
・人間関係を表現できるおもちゃ（ぬいぐるみ、動物や人の人形など）
・具体的な意味をもったおもちゃ（ままごと、車や電車など）
・抽象的な意味をもったおもちゃ（積み木、粘土、折り紙）
・簡単なルールやしかけがあるおもちゃ
・複雑なルールやしかけがあるおもちゃ（機械類など）
・多様な表現のできるおもちゃ（お絵かき道具、工作道具、楽器）
・複数で楽しめる絵本やカード、ゲームなどのおもちゃ

〈空間づくりの配慮〉
・おもちゃに対して興味がもてる配置を考えるとともに、体を動かして遊ぶことを考慮し、適切な広さの空間を用意する。

家庭環境や養育環境は、きょうだい関係にある子どもの担任と情報を共有するとよいですね。

- ものや人との関わり方（集中度、ごっこ遊び、ルール遊びなどの仕方）
- 情緒の安定度（怒り、不満、パニックなどが生じた際の回復の様子）
- コミュニケーション（発話と言語理解の度合い、身振り・サインの使い方）

❷ 保護者との関係の視点の例
- 保護者との信頼関係
- 保護者の身体接触の程度
　【留意すべき例】
　・くっついていて離れない
　・不安なときだけふれ、抱きつく
　・ふれるのを拒否する
- 親から離れて遊ぶ場合の、別れるときと再会したときの行動や表情
　【留意すべき例】
　・おびえた表情、興奮した表情
　・悲しげな表情
　・声をあげる
　・遊びや動作をやめる
　・保護者に駆け寄る、あるいは離れていきたがる
　・保護者や保育者に何らかのアクションをする

2　保護者からの聞き取り

連携の形はさまざまですが、検査は保護者の同意のうえで実施されます。

　子どもの発達を理解するために、保護者から聞き取りを行うことがあります。保護者から聞き取りをする機会には、保護者から子どもの発達について何らかの不安や悩みなどの訴えがあって行う場合や、日々の保育をとおして保育者が必要性を感じて行う場合があります。主に、生育歴、家庭環境、養育環境、今までの発達の様子、家での様子などを聞き取ります。特に乳児の場合は、このような機会が保護者にとってはじめてであること

が多いため、信頼関係を築き、安心感をもってもらえる子育てのパートナーとなれるよう十分に配慮することが大切です。また、他機関や病院などでの相談経緯のある場合には、フェイスシート（➡ 24-25 頁を参照）を利用し、個別支援計画を立てやすくなるような工夫が大切です。

3　発達検査・知能検査

　子どもをより多面的に理解する方法の一つに、発達検査や知能検査があります（図表 1-7）。実際に保育者が実施するといっよりは、必要な場合に保護者の同意のもと、他機関との連携のなかで、心理の専門家が測定します。検査結果から子どもがどのような状況で困っているのかを理解し、親や保育者が有効な支援のしかたを検討していくために用いられます。

●図表 1-7　主な発達検査・知能検査

発達検査	遠城寺式乳幼児分析的発達検査法 （0 〜 4 歳 8 か月）	運動（移動運動・手の運動）、社会性（基本的生活習慣・対人関係）、言語（発語・言語理解）についての観察と保護者からの聞き取りによって評価する。
	津守式乳幼児精神発達診断法 （0 〜 3 歳、3 〜 7 歳）	運動、探索・操作、社会、食事・排泄・生活習慣、理解・言語の各領域について、観察によって評価する。
	新版K式発達検査 （乳幼児〜成人）	姿勢・運動領域、認知・適応領域、言語・社会領域観察により評価する。
	KIDS（Kinder Infant Development Scale）乳幼児発達スケール （0 歳 1 か月〜 6 歳 11 か月）	運動：体全体の動き、操作：手指などの意図的な動き、理解言語：言葉の理解、表出言語：話すことができる言葉、概念：状況依存によらない言語理解、対子ども社会性：友だちとの協調行動、対成人社会性：大人との関係（特に親子関係）、しつけ：社会生活における基本的なルール、食事：衛生感覚や食事の基本的ルールの9領域について評価する。
知能検査	田中ビネー知能検査V （2 歳〜成人）	アセスメントシートの活用により、多角的総合検査を行い年齢尺度の導入により知能指数（IQ）を算出。発達年齢や認知特性が把握できる。
	ウェクスラー式知能検査 WPPSI （3 歳 10 か月〜 7 歳 1 か月） WISC Ⅳ （5 歳〜 16 歳 11 か月）	WISC Ⅳは、全検査IQと言語理解指標・知覚推理指標・ワーキングメモリー指標・処理速度指標を算出する。WPPSIはその幼児向けであり、言語性IQと動作性IQおよび全検査IQを測定できる。
	K-ABC Ⅱ （2 歳 6 か月〜 18 歳 11 か月）	知的活動を認知能力と習得度から測定する。

❶ 発達の [   ] と [   ] をつなぎ、子どもを理解する。

❷ 発達の [   ] をとらえると、適切な支援につながる。

❸ 発達を理解するための手法には、保育者による [   ]、保護者から
の聞き取りや発達検査・知能検査がある。

//

20

ディスカッション

　保育者は、なぜ発達について学ぶ必要があるのでしょうか。グループで話し合ってみましょう。

ヒント：10頁の「なぜ発達について学ぶのか」を参考に考えてみましょう。

演習課題 ✎

写真から考えてみよう

- -

①この笑っている赤ちゃん（左：生後8日、右：生後6か月）は、どこかが違います。どこが違うのか話し合ってみましょう（59-60頁「微笑みの力」も参照してみましょう）。

（生後8日）

（生後6か月）

②この乳児（生後5か月）は今から何をしようとしているのでしょうか。予測して、保育者として発達に合った働きかけや遊びをするとしたら、どのようにしたらよいでしょうか。

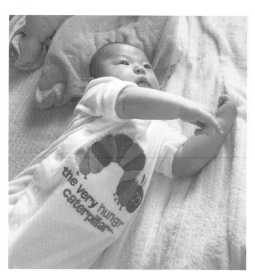

演習課題🖉

事例から考えてみよう

事例　　アンビバレントな行動のTくん

　Tくんは、3歳8か月の男児です。Tくんの周りは、いつもトラブルが絶えません。通りすがりに友だちを叩いたり、遊んでいるおもちゃを壊してしまうなど、周囲の子からは、「Tくんが壊した」「Tくんが叩いた」という声が後を絶ちません。「うるさい、だまっとけ」と、乱暴な言葉づかいをすることにも他児が怖がっています。

　ある日、おもちゃの取り合いから友だちを叩いているTくんを止めに入ると、保育者の腕に噛みつきました。そして泣きながら姿勢を崩し、床に寝ころんでしまいました。そのとき保育者が気になったのは、噛みつく前に、Tくんと向き合い話そうとしたときに、偶然に上にあげた保育者の手をTくんが目をぱちぱちして怖がったように見えたことです。また、床に寝ころんでいるのをしばらく見守っていた保育者に抱っこやおんぶを要求し、先ほどのTくんとは思えぬほどアンビバレントに退行してしまったことです。保育者がしばらく抱っこをしていると、指を吸いながら落ち着いてきます。

　そこで母親が迎えに来た際に、Tくんの様子を話しました。母親は、弟（9か月）を抱っこしながらも真摯に問題を受け止め、こたえてくれました。母親によると、弟の出産の際に体調を崩し、入院を機に父方の祖父母と同居することになったのですが姑との折り合いが悪く、姑になつくTくんを鬱陶しく思い拒否したことがあったこと、Tくんは、家のなかでも活発に動き回る子で、家族中で叱ってばかりになってしまうこと、反面、赤ちゃんを見て「Tもこんなに小さかったの？」とかわいがってくれる姿に癒されて、急に愛おしくなることなどを話してくれました。また父親は、言うことを聞かないとTくんを叩くこともあり、それは、よくないと思っていることも教えてくれました。

　それからまもなくして、園の保育参加に父親が来ました。その姿にTくんは緊張し泣いてしまいました。日に焼けてがっちりした体格の父親は、「なんだ、T。がんばれT」と叫び続けます。保育者には、父親に悪気などまったくないことがわかりました。しかし、Tくんに対し、子どもというより仲間や後輩などの大人に話しかけるような口調であり、Tくんに父親の思いは伝わっていないだろうと直感しました。

①この事例から、Tくんの行動の背景について考察してみましょう。

[
　
　
　
]

②あなたが保育者であった場合、父親やTくんにどのように接しますか、また、今後どのような支援をしていったらよいのか話し合ってみましょう。

[
　
　
　
]

フェイスシート

保護者からの聞き取りを記入しましょう。

作成日　　年　　月　　日

（ふりがな）幼児氏名		性　別		生年月日	年　月　日
保護者氏名		本人との続柄		保護者勤務先（電話番号）	（　　　　　）
現　住　所	〒（　　－　　　）			緊急時連絡先（電話番号）	（　　　　　）
家族構成					
手帳の有無	有（療育・身体障害・精神障害）　・　無			等級	
生　育　歴（幼児期まで）・現在の状況	（気になったこと・身体・健康状態・検診での指摘事項など）				
本人・保護者の願い					

通院および相談歴			
区　分	機 関 名	期　　間	診断・所見等
通　院		年　　月~ 　年　　　月	
		年　　月~ 　年　　　月	
相談歴		年　　　月	
		年　　　月	
		年　　　月	

現在受けている支援				
分野	機関名	電話番号	担当者名	支援の内容

受けたい支援・困っていること

※記入の仕方は 174 ～ 175 頁を参照

子どもの発達と環境

今日のポイント

1 発達には、遺伝と環境が相乗的に作用し合っている。

2 保育においては子どもが主体的に関わる環境が大切である。

3 生態学的システム理論は、人間と環境が相互作用のなかでダイナミックに影響を与え合うという考えから生まれた。

1 子どもの発達を規定するものは遺伝か、環境か

「遺伝」とは、親から子どもへ伝わる形質*のことで、顔や声が似ているなど、生まれつき備わっているものをいいます。一方「環境」の場合は、生活を送るなかで後天的に何らかの学びをしたり影響を受けたりして身につくものをいいます。では、子どもの発達を規定するものは遺伝でしょうか環境なのでしょうか。以下で学んでいきましょう。

1 遺伝または環境の一つの要因による説

今日、発達を規定する要因は、「遺伝」と「環境」が相乗的に作用し合っていると考えられていますが、20世紀はじめまでは、遺伝と環境をめぐりさまざまな議論がされてきました。

❶ 生得説

生得説（遺伝説）とは、人の能力や特徴は遺伝要因をはじめ生得的要因が発達に影響を与えるという考え方です。19世紀に活躍をしたイギリスの人類学者・遺伝学者のゴルトンは、多くの音楽家を輩出したヨハン・セバスチャン・バッハ一族の家系研究を行いました。ところが近親者が類似しているのは、同一の環境で生活していることも影響するため、遺伝的要因と環境的要因を明確に分離することは難しいという結果になりました。

❷ 成熟優位説

前述のとおり、家系研究には欠点があることが判明したので、それを補うために双生児法による研究が行われました。

アメリカの心理学者のゲゼルらは、遺伝的に同一情報をもつ生後46週の一卵性双生児のTとCに階段のぼりの実験を行いました（図表2-1）。

Tには生後46週から毎日10分間ずつ6週間の訓練を行い、その間Cには特別な訓練を行いませんでした。Tが6週間の訓練を終えたとき、C

重要語句

形質

→DNAの情報に基づき子孫に受け継がれる性質。

プラスワン

双生児法

双生児は1個の受精卵から2つの個体が生じた一卵性双生児と、もとから2個の受精卵がある二卵性双生児がある。一卵性双生児は同一の遺伝情報をもち、二卵性双生児は兄弟と同程度の遺伝規定性である。アメリカの心理学者のジェンセンは、身長・知能・学業成績について一卵性双生児、二卵性双生児、兄弟、親子、他人の違いを環境の異同を含め実験を行った。このように問題の解明に双生児を比較する方法をいう。

●図表2-1　階段のぼりの実験

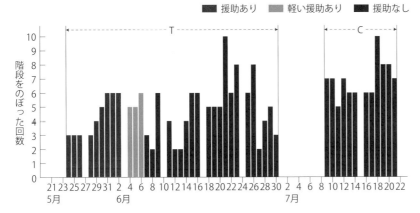

■ 援助あり　■ 軽い援助あり　■ 援助なし

出典：Gesell & Thompson（1929）、辰野千壽『児童の学習──文献を中心として』講談社、1950年、10頁

は同じ訓練を始め、2週間続けました。Cは最初から援助なしで階段をのぼることができ、2週間の訓練のあとにはTの52週のときの行動より著しくすぐれていました。つまり生後52週のときには、Tは階段を26秒でのぼり、Cは生後53週のとき、何ら訓練も援助もなしに同じ階段を45秒でのぼることができたうえ、2週間の訓練後（生後55週）では10秒でのぼることができました。

　ゲゼルらは、Tの受けた訓練は効果があったとはいえ、あとで訓練を始めたCにすぐに追いつかれてしまったという実証研究から、どんなに早期から訓練をしても適切な成熟を待たなければ訓練の効果はみられないことを見出しました。このように、学習を成立させるには環境ではなく、心身の成熟が準備された状態（レディネス）が重要であるとする考えを成熟優位説（➡14コマ目を参照）といいます。ゲゼルら以外にも、ストレイヤー（1930）やヒルガード（1933）が双生児法により、異なった行動について研究しています。

❸ 環境説

　環境説（経験説、学習説）とは、人間の発達が後天的な経験（学習）、つまり環境的要因によって決まるという考え方です。古くは17世紀に活躍し、イギリス経験論の父とも呼ばれる哲学者ロックによる白紙説があり、アメリカの行動主義心理学者のワトソンが、「私に健康な1ダースの赤ん坊と、彼らを育てるための環境を与えてくれるならば、才能・特性・能力・人種に関係なく、私が思うままの専門家（医師・法律家・芸術家・物乞いあるいは盗人）に訓練することができる」と唱えたことは有名であり、人間の発達は経験による条件づけであると主張しました。しかし単一要因説により、心理的な要因を遺伝または環境のどちらか一方の要因だけで説明するには無理があります。そこで、遺伝と環境の両要因による説が考えられるようになりました。

プラスワン

白紙説

人は生まれたときは白紙として生得観念をもっていない。白紙の心に、積み重ねた経験により心が出来上がるというもの。
➡4コマ目参照

2コマ目　子どもの発達と環境

2 遺伝と環境の両要因による説

発達への影響が「遺伝」または「環境」というような単一要因のみでは説明が難しいことから、両要因が影響を与えるという考え方が唱えられました。

❶ 輻輳説

1900〜1930年ごろに活躍したドイツの心理学者のシュテルンが提唱した輻輳説は、遺伝と環境の両方の要因が加算的*に働き、発達に作用しているという考えです。

輻輳とは「寄り集まる」ということを意味します。それぞれの要因がどれくらいの割合で影響しているのかは測定する領域の特徴により変わり、ドイツの精神科医のルクセンブルガーにより図式化され示されています。それによれば、ある特徴に対する両要因の影響の度合いを長方形の対角線上の位置によって示しています。たとえば、図表2-2のXの位置では、環境がU、遺伝がEの割合で影響することになります。もし、要因によりXが左方に移動すれば、遺伝の影響が強くなり、右方に移動すれば環境の影響が強いということになります。しかし、ここでも遺伝要因と環境要因は別々のものとしてとらえられており、限界があるとされました。

●図表2-2　ルクセンブルガーの図式

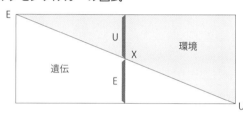

出典：岡田敬藏「遺傳と環境」井村恒郎・懸田克躬・島崎敏樹・村上仁責任編集『異常心理學講座』第1巻第5冊、みすず書房、1954年をもとに作成

❷ 環境閾値説

1968年に、アメリカの心理学者のジェンセンは環境閾値説を提唱しました。環境閾値説とは、ある発達の要素において、環境が明らかによくない場合には、発達はさまたげられますが一定の水準に達していればよく、そこから上の差異はあまり影響しない、というものです。ジェンセンはこのことを「環境は閾値要因として働く」といい表しました。ただし、その閾値は、発達の特性により異なります。たとえば、身長・発語などの特性（図表2-3、特性A）は、よほど劣悪な環境でない限りは発現しますが、絶対音感・外国語の音韻などの特性（図表2-3、特性D）は、特殊な訓練や好適な環境のもとでないと現れてこないのです。つまりこの場合、身長などの特性については、満たされるための境目となる水準が低い、つまり「閾値が低い」特性であり、絶対音感などの特性は、適した環境となる条件が厳しく、可能性が顕在化する境目となる水準が高い、つまり「閾値が高い」特性であるといえます。

ルクセンブルガーは、精神病が遺伝病なのか、非遺伝病なのかについて研究をしていました。

● 図表2-3　遺伝的可能性が顕在化する程度と環境の質との関係

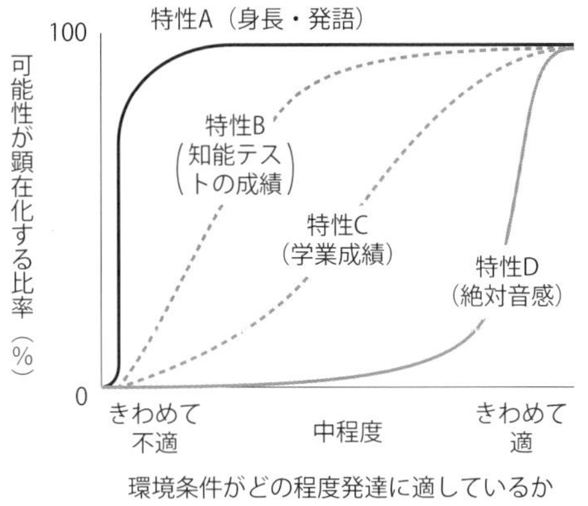

出典：東洋「知的行動とその発達」岡本夏木・古沢頼雄・高野清純・波多野誼余夫・藤永保編『認識と思考』金子書房、1969年、20頁

❸ 相乗的相互作用説

　輻輳説も、環境閾値説も、発達に遺伝要因と環境要因の両方が影響しているという点においては、広い意味で相互作用説の一例といえます。しかし、両者の考え方においてはそれぞれの要素が互いに影響されず、加算されるにすぎません。

　一方で、相互作用説においては、遺伝と環境の関わりをダイナミックにとらえ、相互に促進したり、あるいは抑制し合ったりする場合があると考えられています。たとえば、音楽的にすぐれた才能をもつ母親は、子どもがすぐれた音楽に触れる機会を増やし、興味を示せば賞賛します。その結果、子どもはますます音楽が好きになることでしょう。この場合、母親の養育態度が子どもを音楽好きにさせたという環境要因とともに、母親の音楽的才能という遺伝的な素質も受け継がれているかもしれません。

　以上のように、親の働きかけと子どもの個性が掛け算的に影響を与え合うことについて、1975年、心理学者のサメロフとチャンドラーは相乗的相互作用説という考え方で説明しました。保育者は、環境や教育と子ども自身の育ちとの関連性について、知っておく必要があります。

2　子どもと環境の相互作用

1　子どもが主体的に関わる環境

❶ コンピテンスの観点からみる

　子どもが周囲の環境に働きかけ、効果的な相互作用をする能力をコンピテンス*といいます。アメリカの心理学者のホワイトは、知的発達の現れ方をみずからの3人の子どもで研究したスイスの心理学者ピアジェ（➡ 3、7、8コマ目を参照）の例をあげ、コンピテンスの概念を提唱しました。

2 コマ目

子どもの発達と環境

📝 **重要語句**

コンピテンス

→適性や能力を意味し、環境と相互作用する能力をいう。ホワイトは、コンピテンスは、内発的動機づけにつながるものとした。

【ピアジェの観察記録】

　私は、ガラガラにつながれたヒモを、彼が握りやすいように少しほどいて彼の右手に入れた。一瞬、何も起こらなかった。しかし、偶然に手を動かしてガラガラが揺すられると、彼はすぐに反応した——ローラン（3か月）はガラガラを見ると突然動きだし、まるでその抵抗と効果が感じられているかのように、右手を激しくたたくような動作をした。この操作は15分間続き、その間、ローランは大きな声で笑い声を発した（Piaget, 1952, p.162）。

（3日後）

　ローランは指をしゃぶっているときに、偶然にも手が鎖に当たった。彼はそれをつかみ、ガラガラを見ながらゆっくり動かした。次に、彼はそっと鎖を揺らすと、ガラガラがかすかに動き、その中から小さな音が出た。すると、ローランは明らかにより大きな動きをした。どんどん鎖を激しく動かし、得られた結果に大笑いした（Piaget, 1952, p.185）。

出典：ロバート・W・ホワイト／佐柳信男訳『モチベーション再考　コンピテンス概念の提唱』新曜社、2015年、54-55頁

　ホワイトによると、コンピテンスとは、子どもが環境と効果的にやり取りしていくことを学ぶ力のことであり、子ども自身の思いに動機づけられているべきものであると考え、そのことが内発的動機づけ（→13コマ目を参照）の源流となることを見出しました。そして「子ども自身の思いに動機づけられている」ということを「エフェクタンス動機づけ」と名づけました。

　さらに、**コンピテンス**は、乳幼児の段階から潜在的に備わっているということ、たとえば、乳児が周囲の環境に笑いかけたり動いたりすることで周囲がそれに反応し、何らかの変化を引き起こすことができたり、空腹のときに泣き叫ぶことで授乳やスキンシップなどが行われるなどは子どもが環境である他者に働きかけ、何らかの報酬となる変化を引き起こすことに有能感や自己効力感を感じていくということ、つまり、生まれながらにしてコンピテンスの能力をもっているということを示しているとしました。

❷ アフォーダンスの観点からみる

　子どもが主体的に環境に関わるためには、環境となる素材の特徴について注目し、子どもに与える遊びの可能性はどのようなものがあるかを考えてみることが大切です。

　心理学者の佐々木正人は、**アフォーダンス理論***の観点で環境をとらえ、環境は、さまざまな行為の機会を子どもに与えていると考えました。

　たとえば、「水」でいうならば、「赤ちゃんが、お風呂で水の表面に浮く水道の蛇口から出る水を握ろうとしたり、暑い夏の日にビニールプールの水で体を冷やそうとしたり手を洗ったりとさまざまなことをとおし、浮く、握る、冷やす、洗う、などの行為を『水』が人に与えている」と述べてい

💬 **プラスワン**

学習性無力感

セリグマンらは、無力感の獲得過程を実証し、「自分の行動によって結果は変わらない」という経験から「どうせやっても無駄だ」という無力感が学習されることを示した。これは、コンピテンスの低い状態を表している。
➡くわしくは13コマ目を参照

🖋 **重要語句**

アフォーダンス理論

→アメリカの心理学者のギブソンが唱えた、環境が人や動物に与える「行為の可能性」のこと。

手洗い

色水遊び

動画 2-1
消防士ごっこ
「放水はじめ！」

ます（佐々木正人『アフォーダンスの視点から乳幼児の育ちを考察』小学館、2008年）。

　このように、上の写真のとおり「水」一つを取り上げても、遊びの可能性が広がる環境の素材なのです。アフォーダンス理論の視点で、保育者が子どもたちの身近な環境に対する理解を深めることにより、子どもの行動や遊びの意味を見出すことができるようになります。そして、保育者としての環境構成の工夫につながっていきます。

　2　人的環境としての保育者・友だち

❶ 子どもにとっての人的環境

　子どもにとって愛着の対象は、多くの場合、おなかがすいたときには母乳やミルクを与え、泣いているときには抱いてあやし、おむつを替えるなど自身の不安を取り除き、安心感を与えてくれる親です。乳児が、泣いたり笑ったりといった反応を親が受け止め、子どもの気持ちに寄り添い、応答するという相互作用の繰り返しは、その愛着をより安定したものとします。

　精神分析家のスターンは、母子間に起こる互いの情動を調和させようというふるまいを情動調律*とし、親が子どもの情動をくんだうえで安定した気持ちで関わることの大切さを述べました。

　以上のように、子どもの欲求が満たされる経験の積み重ねは乳児にとって親を特別な存在とし、それは基本的信頼感の形成へとつながっていきます。

　基本的信頼感とは、アメリカの心理学者のエリクソンが人生初期の大切な課題としたもので、親の温かいまなざしを感じることで自分は愛されている、大切にされていると信じることです。それは、人間に対する信頼、社会に対する信頼となり、同時に自分は愛される価値のある人間なのだと感じることが自分自身に対する信頼、つまり自信につながっていきます。

　保育の場においても同様で、保育者が子どもの気持ちに敏感に反応し、「楽しいね」「怖かったね」「おなかすいちゃったね」「よしよし」などの共感や応答的対応を示すことにより、子どもにとっての安全基地となります。そして、親だけでなく、保育者との間にも基本的信頼感が形成されていき

愛着については、ボウルビィが愛着理論の実証的研究を行っています。

🖊 重要語句

情動調律

→親や保育者など身近な大人と子どもとの間に、互いの情動を調和させようという行動。7か月以降にみられる。

ます。さらに、保育者が親と信頼関係を結ぶということは、子どもにとって自分が信頼する親が信頼している相手として安心できる対象が増えることになります。

❷ 事例からみる人的環境

ここで、次の事例をみていきましょう。

事例 **保育者が守った自己主張の芽**

ゆいちゃん（5歳女児）はおとなしい性格で、自分の意見を言葉にして伝えることが得意ではありません。同じ組のまりちゃん（5歳女児）が「ゆいちゃん、ブランコで遊ぼう」と誘いにきたので、「いいよ」と屋外に行きました。まりちゃんは活発で、少しわがままな女の子です。「ゆいちゃんは、押す人ね」とまりちゃんに言われるままにブランコを押していましたが、いくら待っていても乗せてもらえません。ゆいちゃんは、園舎の横にあるコンクリートの階段に一人でやってきました。

階段の横に砂岩を見つけ、コンクリートの面にこすっていると、きめ細かい灰色の粉ができました。それを見ていたひろちゃん（5歳女児）が「入れて」と言ってやってきました。「どうすればいいの？」とひろちゃんが尋ねます。ゆいちゃんは、はじめて自分の遊びに人が参加してくれたことがうれしくて、得意げに、「じゃあ、この黄土色の石（砂岩）で粉をつくって」と言いました。ひろちゃんは、おだやかで優しい性格の子で、2人は長い時間を遊びに没頭して「さらさらな粉だね」と感触を楽しんでいました。

だいぶ粉が出来上がって、手や顔につけて遊んでいると、まりちゃんが活発な友だちを2人連れてやってきました。「いいな、それちょうだい」まりちゃんたちは強く言います。ゆいちゃんとひろちゃんは首を振って粉を守ります。するとまりちゃんは「いじわるをすると先生に言うから」と言って、保育者を連れてきました。

保育者が「まりちゃんたちが欲しいって言うんだけど、どうしようか」と尋ねます。ゆいちゃんは渡したくないという悲しい思いのなかで、振り絞るように、「私とひろちゃんは粉屋さんだから……」と言いました。それを聞いた保育者は、「粉屋さんなんだね。それは大切な粉ですね」と言いました。するとゆいちゃんの表情から少し不安が消えました。すかさずまりちゃんが、葉っぱをもって、「粉屋さん、粉を売ってください」と買いにきました。まりちゃんは、粉屋さんの隣で天ぷら屋さんを始めました。「じゃあ、私、エビとってくる」「じゃあ私、魚あつめてくる」。まりちゃんの友だちもそう言って細長い葉っぱや石を拾い集めてきました。まりちゃんは、バケツの水をくぐらせた葉っぱに粉をつけます。「天ぷらちょうだい」と、天ぷらを買いにくる子も増えてきました。ゆいちゃんもひろちゃんも、「たくさん粉をつくらなきゃ」と得意げで満面の笑みで楽しんでいました。

あなたが保育者だったら、どんな介入をしますか。ゆいちゃんの気持ちの変化も考えてみてくださいね。

子どもにとって友だちとは、競争したり協力したりと常に刺激をし合いながら成長します。勇気を出して自分の思いを伝えたり気持ちに折り合いをつけたりと、子ども同士の「いざこざ」のなかには大切なことがたくさんあるといってもよいでしょう。

ここでの保育者の行動は、以下の3点が考えられます。

①粉を渡したくない、というゆいちゃんの気持ちをくみとったこと。

②「粉屋さんなんだね」とタイミングよくその役割を明確化することで、その場にいた子どもを、自然にごっこ遊びのルールある世界にいざなったこと。

③ゆいちゃんは自己抑制しすぎてしまい、まりちゃんは自己主張しすぎてしまうことで2人の間のコミュニケーションが深まらず、遊びが広がらない恐れがあったが、保育者の適切な援助により、うまく集団での遊びにつなぐことができたこと。

　以上のように、保育者の配慮や機転が子どもの心を育て、遊びの創造へとつながっていくことがあるのです。

3　子どもをめぐる社会的環境

　子どものまわりの環境には、保育環境や家庭環境などがあげられますが、いずれも社会と切り離しては考えられないものです。家族の成員は、職場や学校、近隣地域、親戚や友人などとつながって影響を受けており、保育所等もまた、家族に影響を与えるものです。

　ロシア（旧・ソ連）出身で、アメリカの発達心理学者のブロンフェンブレンナーは、人間と環境が相互作用のなかでダイナミックに影響を与え合うという考えから、生態学的システム理論を構想しました。人間は、生まれたときから社会システムのなかで発達していくもので、発達とは、時間的経過とともに人と環境が直接、間接的に相互作用するプロセスであると考えました。

　社会システムとは、入れ子状態のような構造になっています。ブロンフェンブレンナーは、その構造を①マイクロシステム、②メゾシステム、③エクソシステム、④マクロシステムの4つの環境と、時間的要素としての⑤クロノシステムで表しました。グローバル化が進む現代においては、人を取り巻く環境も世界規模であり、特定の文化や言語だけでなく、常に力動的に変化するなかにあります。

　たとえば、父親が外国で働いていたり、保護者が外国にルーツをもっていたりと日本以外の国の文化と交流をもちながら生活をしている子どもの発達のあり方を改めて考えていくことが求められます。私たちは、「日本」という文化のなかで育っていると無自覚に習慣化している考えや行動が、多文化、多言語のなかでは、単なる固定観念にすぎないということがあることを知っておく必要があります。保育者として、文化の違いからくる偏見や固定観念に向き合い、多様性を尊重することが、共生につながっていきます。

　では、以下にそれぞれのシステムをくわしくみていきましょう。

①受容と共感
②タイミングとルール
③人をつなぐ、遊びの発展を見守る

いずれも保育者の大切な役割ですね！

❶ マイクロシステム

　個人（子ども）にとって一番身近で直接的に取り巻いている環境で、たとえば、子どもと家庭（親・きょうだい）、子どもと園・学校などを表します。これは子どもの生活の核ともいえます。これらの環境との直接的な相互作用が、発達に影響を与えると考えます。

❷ メソシステム

　マイクロシステムが「個人」と「環境」の関係であるのに対し、「家庭と園・学校」「家庭と職場」など、一番近い「環境」同士（2つ以上のマイクロシステム同士）で構成されています。このシステムが発達に影響を与える環境になります。

❸ エクソシステム

　たとえば、「父親の職場環境」「地域の環境」など個人の周辺的な環境のことです。

❹ マクロシステム

　個人が生きている国や文化、歴史、法律、価値観など、マクロシステムが包括する3つのシステムに一貫性を与えるような信念や考え方です。

❺ クロノシステム

　❶～❹までにあげた4つの社会システムが時間のなかで変化していくととらえます。たとえば、災害や歴史的・社会的出来事など時間的要素の

> コロナ禍によって受けたさまざまな影響は、クロノシステムと関係しますね。

●図表2-4　ブロンフェンブレンナーの生態学的システム理論

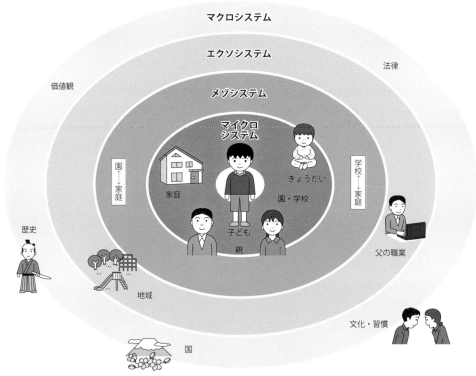

出典：U.ブロンフェンブレンナー／磯貝芳郎・福富護訳『人間発達の生態学』川島書店、1996年をもとに作成

ことです。
　以上をまとめると、図表 2-4 のとおりです。

おさらいテスト //

❶ 発達には、[　　　]と[　　　　]が相乗的に作用し合っている。
❷ 保育においては子どもが[　　　　]に関わる環境が大切である。
❸ [　　　　]は、人間と環境が相互作用のなかでダイナミックに影響を与
　え合うという考えから生まれた。

//

ディスカッション①

① 「蛙の子は蛙」「鳶が鷹を生む」など、遺伝に関することわざはたくさんあります。5
　つ探して書き出し、周囲の人と話し合ってみましょう。

[

]

② 自分自身を振り返り、自分のなかの遺伝的だと思われるところと、環境的だと思われる
　ところを探して書き出し、周囲の人と話し合ってみましょう。

[

]

演習課題 ✏

ディスカッション②

- -

下記の文を読み、次の課題について話し合ってみましょう。

> 　経済社会のグローバル化にともない、私たちが生きる社会は年々多様化、多文化化
> しています。保育現場においても同じように、子どもの国籍や文化背景は多様化して
> います。アメリカの多文化教育の研究者であるダーマンは、ジェンダー、人種、障害
> などの偏見から自由であるために、幼児期のアンチバイアス教育の重要性を述べまし
> た。

　このような認識に立ち、「共生」を目指し、偏見にとらわれない人間を育てるために、
どのようなことに配慮し、保育を行うべきでしょうか。

3コマ目

発達に関する理論

今日のポイント

1 発達に関する心理学には、さまざまな発達理論がある。

2 人は生涯発達し続ける存在であり、各発達段階において課題がある。

3 心理学の基礎に基づき子どもを理解する。

1 さまざまな発達理論

1 精神分析とは

19世紀から20世紀にかけてヨーロッパでは、人類学や宗教学、進化論、神話や民俗学などの学問が盛んになり、その流れから人の精神に注目が集まりました。そのようななか、1886年、**フロイト***は**ヒステリー**の治療法として、患者が過去のことを自由に思い出して語る自由連想法を確立しました。その結果、現在の患者の問題行動には過去の幼児期体験が影響していると考えたフロイトは、人には、自分で意識する部分と無意識の部分があり、人の行動や個性は無意識によって左右されていると考えました。つまり、人の個性や人格が心の構造と関連することを説明したのが、フロイトの精神分析理論なのです。

2 フロイトの考え方

❶ 精神分析による心の構造

フロイトは、人の心にはイド、自我（エゴ）、超自我（スーパーエゴ）の3つがあり、それが人の個性・人格（パーソナリティ）を決定していると考え、心のコントロールを3つの領域で示しました。3つの領域とは、自分では意識できない「無意識」、本能的な欲求の「前意識」、道徳的な良心の「意識」です（図表3-1）。

イドは快・不快に関する本能的な欲望、生理的な衝動の部分です。自我や超自我よりも早期に発達しますが、無意識の領域にあって、大人になるとふだんは意識されません。おなかがすいた、オムツが濡れたといっては泣き、あやされれば笑う赤ちゃんは、イドだけに動かされているといえます。

超自我は、幼児期にしつけをとおして形成されるものです。たとえば、「人

フロイト
Freud, S.
1856〜1939
オーストリアの精神科医。自由連想法、無意識の研究が有名。精神分析学の創始者といわれている。

プラスワン

ヒステリー
現在は、解離性障害・転換性障害と呼ばれる。

● 図表 3-1　心の構造（心のコントロール）

のものを盗んではいけない」「あいさつをしましょう」といった社会のルールや道徳心をいいます。超自我は、本能的なイドの部分を抑える役割をもちます。

　自我は、本能的に「○○したい」というイドと、社会のルールや道徳心を守らなければならないという超自我を調整し、心のバランスをとるものです。たとえば、1つしかないおもちゃを友だちと取り合うのではなく交代で使うなど、自分の欲求と他者を意識して行動するなど、いわば自分をコントロールしている部分です。

❷ フロイトの精神分析による発達論

　フロイトは、人間の本能は性的な衝動（リビドー）であり、リビドーは心のエネルギーの基礎であると考えました。フロイトは、リビドーの発達を5段階に分け、成長とともに次のような段階を経て発達するとしました。

1）口唇期（0～1歳6か月頃）

　この時期の子どもは、本能的に母親の乳房や哺乳瓶を吸うという、口唇辺りの感覚でリビドーが満たされていきます。子どもは、みずからが欲しいときに口唇の感覚が満たされると安心感を抱き、その対応をしてくれた人に対して信頼感を得ます。こうした養育者と子どもとの基本的信頼関係が、他者を信じ、自分を肯定していく力の基盤となります。

2）肛門期（1歳6か月～3歳頃）

　この時期の子どもは、トイレトレーニングの経験をとおして排泄を自分でコントロールできる喜びを感じることが大切です。つまり、肛門周辺部分がリビドーを満たしているのです。

3）男根期（3、4～5、6歳頃）

　この時期の子どもは、性器が性愛的快楽の部位になります。男女の性器の違いに関心がおよび、同性の親をライバル視するようになります。男の子は父親をライバル視して母親の愛情を獲得しようとするするエディプス・コンプレックスを抱き、女の子は母親をライバル視するエレクトラ・コンプレックスを抱きます。

フロイトはこのように考えていたのですね。この考え方は、現代に生きる私たちにすべてがぴったりと当てはまるものではないかもしれませんが、心理学の古典として知っておく必要があります。

プラスワン

エディプス・コンプレックスとエレクトラ・コンプレックス

どちらもギリシャ神話に登場する男女の人物名に由来する。

4）潜伏期（6、7〜11歳頃）

　性的欲求が安定して潜伏する時期です。この頃は、知的好奇心と身体活動にエネルギーが向き、勤勉で学習意欲が高まると同時に社会性を身につけることで超自我が発達します。

5）性器期（11・12歳頃以降）

　第二次性徴を迎え、男性性、女性性の肉体的成熟によって性欲動が高まる時期です。性器的性欲へと移行し、成人としての性的快楽とともに、特定の他者に対して精神的な愛情を抱くようになります。この時期は、身体的変化と心理のバランスがとれず、精神的に不安定な時期でもあります。

3　発達段階と発達課題

　人間は、生涯においていくつかの段階があり、各期には発達的特徴があります。それぞれの発達の区分のしかたや名称については研究者によって異なります。このコマでは、心理学者のピアジェ、エリクソンの考え方をみていきましょう。また、次節で取り上げるエリクソンは、発達段階の各期において乗り越えなければならない課題があることを提唱していることも重要です。

　ピアジェ*は人間の知能を、外界と相互作用するための手段と考え、すでに知っているものごとを認識するうえでの行動や思考の枠組みを、「シェマ」と呼びました。

　たとえば、ある子どもが、「水中を泳いで卵を産むものが魚」というシェマをもっているとき、その子どもがマグロを見たとします。マグロはすでにもっているシェマと同じなので、その子どものなかで「マグロは魚」と認識されます。このようにシェマが合致することを「同化」と呼びます。次に、その子どもがイルカを見たとします。すると、「水中を泳いでいるが卵を産まない」生き物という新しい事実に出会います。そのとき、子どもは自分のもっているシェマでは対応できなくなり葛藤が起きます。しかし同時に新たな知識を得たことで、心のバランスをとることができます。これを「均衡化」と呼びます。均衡化により、子どもは「水中で泳ぐが卵

水中を泳いで卵を産むのが魚、じゃあイルカは……？

を産まない哺乳類もいる」と自分のシェマを新しく更新します。このことを「調整」と呼びます。また、たとえば子どもが「犬」という言葉を聞いたとき、自分の知りうる何らかの犬のイメージをします。このことを「表象」と呼びます。さらに、今、目の前に犬がいなくても犬を散歩させる行為を心のなかでイメージすることができることを、「操作」と呼びます。

また、ピアジェは表象や操作が可能になる時期と水準を4つの段階に分けました。

❶ 感覚運動期（0〜2歳頃）

この時期は、いわゆる五感（視覚、聴覚、嗅覚、触覚、味覚）をとおして感覚器*と運動器*を使って環境に適応していきます。生後間もない子どもは、目の前の人形に布をかぶせられて見えなくなると、人形がなくなったかのような反応をします。6か月頃になると、目の前のものが見えなくなっても存在していることがわかるようになります。このことを、「対象の永続性が獲得される」といいます。そして8か月くらいになると、目の前にないものについても心のなかで思い浮かべることができるようになります。このことを「表象の成立」といいます。

❷ 前操作期（2〜7歳頃）

この時期には、空き箱を車に見立てたり、土で丸めてつくったものを団子に見立てるなど、ごっこ遊びなどのなかでイメージしたものを、別なもので表す象徴機能が発達します。また、どんなものにも生命や意思があると考えるアニミズム思考*もこの時期の特徴です。

この時期の子どもは、自分のまわりの人は皆、自分と同じように知覚しているものだと確信しています。自分以外の視点で考えることが難しく、操作が不十分であるという点から、このことを「自己中心性」といいます。ここでいう「自己中心」とは、けっしてわがままという意味ではありません。

さらに、見た目だけでの印象で直感的に判断することも、この時期の子どもの特徴です。たとえば、同じコップに入った同じ量の水を細長いコップに移し替えたとき、子どもは水の量が増えたと思います。実際には、水の量は変わっていませんが、ものごとの量、数、重さなどを論理的に考えることができないので、見た目だけで判断して水が増えたと思うのです。この時期の子どもは未発達なため、カップの見た目だけで判断せず理論的に思考すること（保存の概念）ができません（➡8コマ目を参照）。

❸ 具体的操作期（7〜11歳頃）

この時期には、相手の立場に立った考え方ができるようになり、表象が自分で自在にできるようになり、前操作期のアニミズム思考から距離を置くことができるようになります。また、前操作期では難しかった課題をクリアし、保存の概念を獲得します。たとえば、見た目が変わっても足したり引いたりしなければその数量や重さは変わらないということがわかるようになります。このことは、細長いコップの水をもとのコップに戻して考えることができる可逆的思考や、コップの高さが変わればコップの幅（底面積）も変わるのだと考えることができる相補性も身につけたということを意味し、水に何かを足したり減らしたりしていないので水の量自体は変

重要語句

感覚器

→視覚・聴覚・嗅覚・味覚・触覚など刺激を受ける器官。主な人の感覚器は目・耳・鼻・舌・皮膚がある。

運動器

→身体を動かすための器官。主な人の運動器は骨・関節・筋肉・靱帯・神経がある。

アニミズム思考

→人以外のものにも精神があると考えること。たとえば、「ぬいぐるみのクマさんが寝ている」「積み木さんが泣いている」と考えることや絵を描くときに植物や太陽、月に顔を描くことなど。

3コマ目　発達に関する理論

ピアジェの認知発達理論については、くわしくは7・8コマ目でみていきます。

わらないという同一性の概念も獲得できたことになります。ただし、この時期に理解できる範囲は、子ども自身が自分の目で見ながら実際に操作できる具体物に限ります。

❹ 形式的操作期（11歳以降）

　この時期には、具体的なものや時間に縛られることなく、抽象的な事例も思考できるようになります。「もし～ならば」といった仮説に基づいて考えることができる仮説演繹的思考*や、「1は2より小さい（1＜2）、2は3より小さい（2＜3）、よって1は3より小さい（1＜3）」と論理的に考えることができる命題的思考が獲得され、問題全体のあらゆる可能性のある組み合わせを考えることができるようになります。

2 　生涯発達と発達課題

　人は受精した瞬間から死に至るまで、生涯にわたり発達します。生涯発達とは、子どもが成人に向かい身体が大きくなる上昇的な変化も、高齢に向かい今までの行動よりも時間がかかるといった下降的な変化も、ともに人間の発達であるという考え方です。心理学者のエリクソン、ハヴィガーストは、生涯各期の発達段階ごとに達成されなければならない課題（発達課題）があると唱えました。

1 　エリクソンの心理社会的発達理論

　エリクソン*は人間の発達について、「出生から死まで」という期間を重視し、身長や体重の増加という上昇的な変化だけではなく、高齢に向かう段階における身体機能の低下や衰退などの下降的な変化も含めて発達であると考えました。また、エリクソンは、年齢を基準とし、時期に応じて生涯発達するという考えのもと、社会との相互作用が発達に影響すると考えました。つまり、発達における社会的な面を重視したのです。なかでも青年期の自我（アイデンティティ）の確立・統合は、有名な心理社会的発達理論の一つです。

　エリクソンは人生を8つの発達段階に分類し、各発達段階で獲得すべき課題と心理的な危機の概念を提唱しました。この危機を乗り越えていくことが重要な発達の側面であると考えたのです。

❶ 乳児期（0～1歳頃）

　基本的信頼感を基盤に、身近な大人への安心感や信頼感を得ます。逆に、乳児に対して不適切な関わりが繰り返されると、不信感が生まれます。

❷ 幼児期前期（1～3歳頃）

　自分の身体や言葉を使って他者に働きかける自律性や自己主張が盛んになります。思い通りにいかないと恥を感じるようになり、自分の感情や行動を修正しながら課題に向かう意欲や自信が生まれます。

📝 重要語句

仮説演繹的思考

→仮説を立てて、予測して考えること。たとえば、このバスは朝、遅延することが多いから、今日も時刻表通りには来ないだろう、と推測すること。

エリクソン
Erikson, E. H.
1902～1994
ドイツ出身で、アメリカで活躍した発達心理学者。フロイト学派の精神分析学を研究した。

❸ 幼児期後期（3〜6歳頃）

　好奇心旺盛なこの時期は、さまざまなものへの探索・探究を通じて自律から自主へと変化していきます。ときには我慢すること（葛藤）、失敗のときに感じる恥や罪悪感などの経験をとおして自主的に行動し、まわりに働きかけるようになります。

❹ 学童期（6〜12歳頃）

　身体の発達と知的な発達から心理的安定期に入ります。興味・関心があることに勤勉で一生懸命に取り組み、他者から認められる経験が有能感につながります。一方で、他者との比較から劣等感をもつこともありますが、これは自我の発達意欲の現れでもあります。

❺ 青年期（12〜22歳頃）

　エリクソンは、青年期を自我の発達において最も重要な課題をもった時期ととらえました。第二次性徴による身体の変化から、改めて自分は自分であるという自我の同一性の獲得が課題であると考えました。本当の自分は何なのかを自問しながら同一性の拡散という自我の不確かさを経験し、社会的存在感を獲得していきます。

❻ 成人期初期（22〜35歳頃）

　思春期、青年期を越えて、引き続き自分は何者なのかという自我の同一性を獲得しながら、社会のなかで自分の考えや価値観と異なるものを受容する経験をします。またこの時期は、友人や恋人などと親密な人間関係を築く時期ですが、同時に大切な人と異なる考えや価値観をもったことにより孤独になることを恐れる時期でもあります。このような孤独の不安を超える愛が親密性の獲得となります。

❼ 成人期（35〜65歳頃）

　次世代を支える人やものを生み育てる時期であり、後輩たちにも社会にも自分たちの知識と経験を伝授し、新たなものを生産する次世代につなぐ役割があります。しかし次世代に関心がなく、後輩に指導することを怠ると、人間関係も自分自身も停滞してしまいます。

❽ 老年期（65歳以上）

　身体的老化と人生の終着である死と向き合う時期です。自分の人生の最後に、今までの知識や経験、いろいろな人間関係を自分自身で総まとめし、人生を振り返って自分の人生を受け入れ、よい人生だったと思うことが大切です。逆に自分の人生を受け入れられないままだと後悔し絶望してしまいます。

　主な発達段階の課題と心理的危機を図表 3-2 にまとめます。

●図表3-2　エリクソンの発達課題

発達段階（年齢）	発達課題	危機
乳児期	基本的信頼感	不信
幼児期前期	自律性	疑惑・恥
幼児期後期	積極性	罪悪感
児童期	勤勉性	劣等感
青年期	同一性	同一性の拡散
成人期初期	親密性	孤独
成人期	生殖性	停滞
老年期	統合性	絶望

2　ハヴィガーストの発達理論

ハヴィガースト*は、人間の人生を6つの発達段階に分け、各発達段階で獲得しなければならない知識、機能、技能、態度などの発達課題を設定しました。それらの発達課題は、生物的な基礎、心理学的な基礎、文化的な基礎のうえに立って、各段階の特徴的行動課題を表したものです（図表3-3）。

●図表3-3　ハヴィガーストの発達課題

【幼児期および早期児童期】
1　歩行の学習
2　固形食物をとることの学習
3　話すことの学習
4　排泄のしかたの学習
5　性の相違を知り、性に対する慎みを学習
6　生理的安定を得ることの学習
7　社会や事物についての単純な概念を形成する
8　両親、きょうだいや他人と情緒的に結びつく
9　善悪を区別することの学習と良心を発達させる
【中期児童期】
1　普通の遊戯に必要な身体的技能の学習
2　身体を大事にし、有益に用いる学習
3　友だちと仲良くすること
4　男子として、女子としての社会的役割の学習
5　読み、書き、計算の基礎的学習
6　日常生活に必要な概念を発達させる
7　良心、道徳性、価値判断の尺度を発達させる
8　両親や他人の支配から離れて人格の独立性を達成する
9　社会の諸機関や諸集団に対する社会的態度を発達させる

ハヴィガースト
Havighurst, R. J.
1900～1991
アメリカの教育学者。アメリカ先住民の子どもの研究や老年期の活動理論など教育学から生涯発達論を提唱した。

【青年期】

1	同年齢の男女との洗練された新しい交際を学ぶ
2	男性としてまた女性としての社会的役割を学ぶ
3	自分の身体の構造を理解し、身体の有効な活用法を学ぶ
4	両親やほかの大人から積極的に独立する
5	経済的な独立について自信をもつ
6	職業を選択し、準備する
7	結婚と家庭生活の準備をする
8	市民として必要な知識と態度を発達させる
9	社会的に責任のある行動を求め成し遂げる
10	行動の指針としての価値や倫理の体系を学ぶ

【早期成人期】

1	配偶者を選ぶ
2	配偶者との生活を学ぶ
3	第一子を家族に加える
4	子どもを育てる
5	家庭を管理する
6	職業に就く
7	市民的責任を負う
8	適した社会集団を見つける

【中年期】

1	社会的・市民的責任を達成する
2	一定の経済的生活水準を築き維持する
3	10代の子どもたちが信頼できる大人になる
4	余暇活動を充実させる
5	自分と配偶者とが人間として結びつく
6	中年期の生理的変化を受け入れ、それに適応する
7	年老いた自分の両親に適応する

【老年期】

1	身体、認知、健康の衰退に適応する
2	引退と収入の減少に適応する
3	配偶者の死に適応する
4	自分と近い年齢の人々と明るく親密な関係を結ぶ
5	社会的・市民的義務を受け入れる
6	肉体的な生活を満足に送れるように準備する

性別役割の考え方については、現代の日本社会とは少し異なりますね。

3コマ目

発達に関する理論

3　発達理論と保育

　ここまでさまざまな発達理論をみてきました。各発達段階の特徴を理解することで子どもの認知発達や思考の変化をとらえ、発達の援助につながる保育を展開することができます。

また、発達理論においては、各段階で達成しておく望ましい発達課題が
ある、ということが示されていました。乳幼児期の発達段階と課題を理解
し、課題達成における道しるべのような役割を果たすのが保育者です。とく
に、乳幼児期の発達は一生の土台となるものです。人間は、誕生から死
に至るまで生涯発達する存在です。成長する一人の人間として幸福な人生
を送るためにも、重要な時期に関わる保育者は発達理論を学んでおくこと
が大切です。

おさらいテスト

❶ 発達に関する心理学には、さまざまな [　　　　] がある。
❷ 人は生涯発達し続ける存在であり、各発達段階において [　　　　] があ
る。
❸ [　　　　] の基礎に基づき子どもを理解する。

演習課題

発達理論について理解を深めよう

- -

演習テーマ 1 図表を完成させよう

エリクソンの心理社会的発達理論について、下記の発達課題と危機の空欄を埋めてみましょう。

発達段階（年齢）	発達課題	危機
乳児期		不信
幼児期前期		
幼児期後期	積極性	罪悪感
学童期	勤勉性	
青年期		同一性の拡散
成人期初期		孤独
成人期	生殖性	停滞
老年期		絶望

演習テーマ 2 発達理論を保育に活用してみよう

前操作期（2歳前後）の子どもの保育にアニミズムを活用してみましょう。たとえば、アニミズムの考え方に基づいた絵本には、どのような本があるでしょうか。調べてみましょう。

例：レオ・レオーニ／藤田圭雄訳『あおくんときいろちゃん』至光社、1967年
　　林明子『おつきさまこんばんは』福音館書店、1986年　など

子ども観と保育観

1 子どもをどのような存在としてとらえるかという、子どもに対する考え方のことを、子ども観という。

2 子どもたちの何を育て、どのように援助するかによって保育の目的や方法は異なる。

3 子どもの遊び場や身近な自然環境が減少し、子どもが身体を動かす機会が少なくなった。

1 子ども観とは何か

日本における**子どもの定義**は法律によって異なり、たとえば、「児童福祉法」では、児童とは乳児、幼児、少年と3区分され、0～18歳未満までが子どもです。一方、「少年法」では20歳未満が、「民法」では未成年者といって20歳未満が子どもです。

しかし、法律上の定義とは別に、私たちは無意識のうちに自分のイメージする子どもの姿をもっています。外遊びが好きな活発な子、屋内で本を読むのが好きな子など、思い浮かべる子どもの姿は人それぞれですが、自分の経験に基づいて、「子どもらしさとはこうである」「子どもとはこうあるべし」といったような考え方をそれぞれが抱いています。

そのような、「子ども」をどのような存在としてとらえるかという子どもに対する考え方のことを「子ども観」といいます。それでは以下に、子ども観についての歴史的な変遷をみていきましょう。

1 性善説

性善説とは、人間の本性は基本的に「善」であるという考えのことです。性善説においては、子どもは無垢で生まれつき善なるものであり、どの子もよい心をもっていると考えます。このような子ども観に立つ、**フレーベル***や**ルソー***、**ペスタロッチ***は、「子どもの教育は命令や干渉ではなく、子どもがもっている能力やよいものを引き出すことである」と考えました。

2 性悪説

性悪説とは、人は本来悪であって善になるには努力しなければならない、という考えのことです。古代中国の思想家荀子*は「子どものような弱い存在は正しい導きが必要であり、努力することで後天的に善になれる」と

説きました。

3 白紙説

ロック＊は、「生まれたばかりの子どもは何も書き込まれていない白紙状態である」と唱えました。子どもは誕生後、経験が書き加えられ、その経験から能力を獲得していくと考え、子どもにはさまざまな経験が重要だと考えたのです。

以上のように、子ども観にはさまざまなものがありますが、17 ～ 18世紀のヨーロッパでは、ルソーやフレーベルの子ども観をもとに、教育とは大人が教えるのではなく子どもが生活のなかで学習していくため、大人はその子の個性、年齢や発達段階に沿った生活のなかで世話や心理的な援助を行うことが必要である、と考えられるようになりました。

ロック
Locke, J.
1632〜1704
イギリスの哲学者。経験論的認識論を体系化した。

2 保育観とは何か

保育観とは、子どもに対する適切な保育の内容と方法についての考え方です。保育をするうえで何を大切にするか、つまり保育の価値観は多様です。

各保育施設では、施設長（園長）を中心とした保育者の保育観に基づき保育が展開されていますが、保育観には、それぞれ利点と課題があるということを忘れてはなりません。

また、保育観とは固定されたものではありません。自分自身が「何を大切にして子どもを育てるか」という保育に対する価値観は、目の前の子どもに対する対応、関わりによって変化していくものですし、さらに、必要に応じて保育者自身がアップデートしていくことも大切なのです。

1 一斉保育（認定保育）

一斉保育とは、子どもの発達や個人差を含めたうえで、事前に時間や目的、予想できる子どもの姿を想定して、ねらいをもった指導案をつくり、保育を行うものです。たとえば、一斉保育におけるカリキュラムで音楽を扱う場合には、「クラス全員で合唱をする」などの活動を設定します。

一斉保育においては、保育者が環境構成をしているのでスムーズな保育を展開することができ、子どもたちが同じ活動をするため、発達の個人差を把握しやすいといえます。子どもは、皆で一緒に活動することで協調性を育み、社会性やルールを学ぶことができます。

一方で、子どもの自由な発想と遊びではないため、自主性や積極性を伸ばすことは、やや難しくなってしまうという問題点もあります。

一斉保育は、保育者主導で子どもたちが「一斉」に活動を行うことが中心となるため一斉保育と呼ばれますが、保育者が活動内容を「設定」しているという点から、認定保育といういい方もします。

2 自由保育

子どもの自発性を促し、子どもの感じるままに遊び行動することを援助する保育の方法です。自由な発想で興味のあることに夢中になれるというメリットがありますが、集団行動に時間がかかったり人間関係のトラブルが起きやすくなることもあり、また、保育者の対応次第では、保育の質の低下につながりやすくなるという問題点もあります。

3 子どもを取り巻く問題と保育の課題

この節では、現代における子どもの発達と保育に関する問題点をあげ、保育所等・幼稚園に期待される保育の課題をみていきましょう。

1 子どもの遊び場の減少と自然との関わりの不足

近年、公園の遊具が減っています。都市部の公園では一部の遊びが禁止されていたり、遊ぶことのできる時間が限定されているところもあります。「ボール遊び禁止」「大きな声をださない」という看板をしばしば目にします。また、山や川、海の近くには「立ち入り禁止」「危険」と書かれた看板もあります。

現代における自然は、人工的で、安全に整備されていることも多くあります。たとえば、都心部では、自然の生物にふれることができるのは動物や植物を柵で囲んで育てているような一部の場所などです。町中はコンクリートやアスファルトで埋め尽くされ、土を踏みしめることはめったにありません。土の手触り、花のにおい、動物に触ったときの感触などを子どもが身体感覚で感じることが少なくなっています。

農村部においても過疎化が進んで子どもが減り、友だちと一緒に遊ぶことができる環境が失われつつあります。

乳幼児期の子どもは、安心できる環境のもとで、聞く、見る、ふれる、嗅ぐ、味わうなどの身体感覚の働きを豊かに体感することで周囲の環境に興味や関心を向け、積極的に探索活動をするようになります。

自然にふれることでその美しさ、不思議さを知るとともに、自然が生活の一部であることを認識します。保育者は、子どもたちの豊かな身体感覚の経験と感情が培われていくよう物的環境を整えるとともに、保育者自身が人的環境であることを忘れてはなりません。

2 情報化社会における子どもの遊びの変化

この社会が、便利さや効率を優先する情報化社会となっていくことと子どもの生活はけっして無縁ではありません。社会の変化とともに、子どもたちの遊びも変化してきました。

パソコンやスマートフォンなどからインターネットにアクセスすることにより、年齢にかかわらず簡単に情報が入手できるようになりました。そ

📝 **プラスワン**

自然との関わり

レイチェル・カーソンの著書『センス・オブ・ワンダー』は、カーソンが姪の息子とともに自然にふれた体験に基づいて書かれたエッセイである。「センス・オブ・ワンダー」とは、すべての子どもがもっている自然の神秘や不思議さに対する感受性のこと。

の代わりに、乳幼児期にさまざまな実体験をする機会が奪われています。

　また、一人で携帯ゲームで遊ぶことの多い子どもが増え、仲間と共通の
イメージをもって行動する協同遊びの機会が減っています。外遊びや自然
とふれあう場を失った現代の子どもは、昔に比べ、体を動かす機会が少な
くなっています。もちろん、このことは、筋力や体力の低下にも関係して
います。子どもは心と身体が連動して成長するので、身体の不調が心の不
調につながっていくことが危惧されています。

　保育者は、子どもの健康な心身の発達を促すために、清潔で安全な環境
を整え、適切な援助をしなければなりません。体を十分に使って遊ぶ場所
がない子どもたちのために、一人ひとりの発達過程に応じて、子どもが適
度な運動と休息をとることができるようにすることが大切です。

　たとえば、はいはいができるようになってきた乳児には、段差のある
マットを敷いて運動を活発化させるような環境を整え、年長児には思う存
分体を動かし、協同遊びができるようなスペースを確保したいものです。
健康と安全を基盤に、体力づくりも視野に入れた保育が展開されることが
望ましいのです。

　保育所等・幼稚園では、子どもの健康の保持と増進のために、その専門
性を生かした援助ができます。体の健康だけでなく、心と体のバランスを
とり、トータルな発達を援助する健康支援を行うことが大切です。

3　不安定な生活リズム

　保護者の就労状況により、夜遅くに大人とともに外出する子どもが増え、
生活リズムが崩れてしまい、朝、起きられなくなる子どもも多くみられま
す。また、アレルギーのある子どもや体調不良が続き、心の不調がみられ
る子どもが増えてきました。

　共働き家庭の増加、都市化、核家族化、少子化に連動して、子どもたち
の生活スタイルは大人に準ずるように変化しています。乳幼児期にふさわ
しい生活リズムがつくられないことは大きな問題です。子どもの自立を援
助することを基盤に、保育者は子どもの命を守り、健康で安全に過ごせる
よう適切な援助を行わなければなりません。

　保育のなかで子どもの健康に留意し、具体的には顔色を確認する、検温
するなど、保護者と連携して子どもの状態をしっかりと把握しておく必要
があります。

　健康な心身の発達のためには、基本的生活習慣の自立が基礎となります。
保育所等においては養護の充実が求められます。保育者は適切な食事、睡
眠、排泄、衣服の着脱、清潔の援助をしながら、子どもが自発的にこれら
に取り組めるように対応していきます。

　たとえば、厚生労働省は、生活の基盤である食に関わる保育内容を重点
化しています。子どもが食べることを楽しみ、食への関心と感謝の心を育
む保育の構成が望まれます。また、保育者は、アレルギー対応に留意しな
ければなりません。保護者や嘱託医などと連携し、子どもの生命の保持と
健やかな生活を保障するのにふさわしい保育の展開が期待されています。

保育所等は家庭の
延長であるという
ことや、発達の連
続性、育ちの場の
連続性に留意して
保育を行いましょう。

4
コマ目

子ども観と保育観

プラスワン

食に関わる保育内容

2004（平成16）年に
厚生労働省は、「楽
しく食べる子どもに
―保育所における食
育に関する指針」を発
表した。

■4　家族・家庭環境の変化

　社会や家庭環境の変化にともない、子どもを取り巻く家族の形態や家庭環境も変化しています。

　少子化が進んだ現代では親子関係が密になりすぎ、子どもに対する過保護・過干渉に陥りやすい傾向があります。親や社会全体が子どもに目をかけ手を出しすぎるあまり、子どもの意欲を削ぎ、自立の機会を奪ってしまうこともあります。

　一方で、虐待などの例にみられるように、親の養育力の問題も目立ってきており、家庭が必ずしも子育て機能を維持できているわけではないという現実もあります。親と子のつながりが過度に濃密な場合や、反対に希薄な場合もあるのです。家族のあり方についても、血縁で結ばれた家族関係だけとは限らず、さまざまな事情により多様化する傾向にあります。

　「保育所保育指針」や「幼稚園教育要領」にも示されているように、国や地方行政も子育て支援に重きを置いています。保育所等はその社会的責任を果たすため、保護者を支援し、地域とつながりながら子育ての問題をともにサポートしていく役割を担います。

　自分が大切にされているという実感を育み、生活の実感をもたせるよう、保育者は一人ひとりの子どもと関わりをもちます。保育者は、子どもが、保育者との間に基本的な信頼関係を土台とした愛着関係を結び、園生活において自分の居場所を実感し、安心して個性を発揮できるような場を構成します。子どもにとって信頼できる大人が親だけではなく、保育者もまた重要な存在となることが大切です。

　保育所等・幼稚園には、慣れない育児に戸惑い、不安になる親に対して社会的支援を行う場所としての機能が期待されています。また、子どもに対する働きかけとしては、機能低下した家庭での養育を補完することが期待されています。ここで重要なのは、親の代わりにやってあげるというわけではないということです。保育所等・幼稚園はあくまでも養育力のサポートを行う場だということです。

親にとっても子どもにとっても、安心、信頼できる保育者になりたいものですね。

おさらいテスト

❶ 子どもをどのような存在としてとらえるかという、子どもに対する考え方のことを、[　　　]という。

❷ 子どもたちの何を育て、どのように援助するかによって保育の[　　　]や[　　　]は異なる。

❸ 子どもの[　　　]や身近な[　　　]が減少し、子どもが身体を動かす機会が少なくなった。

演習課題

子ども観について話し合ってみよう

- -

　子どもが遊んでいる姿のイメージ図を描いてみましょう。描いた図を見せ合い、それぞれの子ども観について話し合ってみましょう。

一斉保育と自由保育について考えてみよう

①一斉保育のメリットとデメリットをあげてみましょう。

・メリット

$$\left[\right]$$

・デメリット

$$\left[\right]$$

②自由保育のメリットとデメリットをあげてみましょう。

・メリット

$$\left[\right]$$

・デメリット

$$\left[\right]$$

演習課題

子どもの主体性を育む保育環境を構成しよう

　4歳児が、自分で考え、自分で選び、自分で判断して遊ぶことができる保育室のレイアウトを絵で表してみましょう。

（例）

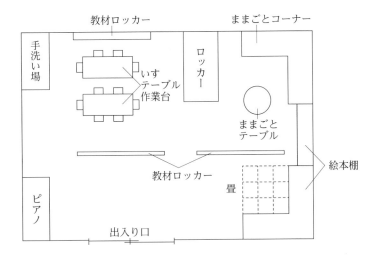

第2章

‖‖

子どもの
発達過程

この章では、子どもの発達過程について学びます。
子ども、特に乳児期から幼児期にかけての発達について、社会性、情動、身体的機能、
運動機能、認知、言語とコミュニケーションの側面からそれぞれみていきます。
発達の道筋を学ぶことは、子どもへの適切な援助につながります。

社会情動的発達

1 乳幼児の感情の発達を理解する。

2 社会性の発達は、遊びから始まり、仲間との関係によって変化する。

3 仲間との関わりのなかで、自己認識が始まり、自己制御も身につく。

1 感情の発達

1 感情とは

感情とは、「個人の内部に生じたある状態を、意識したり体験したりすること」です。感情は急激に生じたり消えたりするのではなく、ある程度継続的に持続するもので、外界の事象に対する判断基準の一つとなります。また感情は、感覚刺激によって生じ、喜怒哀楽などの主観的な体験の経験内容となります。基本的には、快不快の次元に還元できる性質のものであり、さらに、認知能力とは別に生じる外界に対して行う判断であり、行動の基準となるものであるといえます。

では、赤ちゃんは生まれたときに感情をもっているのでしょうか。私たち大人は不快なことがあると、「気分を害する」という表現を使い、身体的な表現をいろいろとします。たとえば、泣いてみたり、ふてくされてみたり、怒ってみたりするなどです。赤ちゃんは、そのようなときには「泣く」という行動でそれを表現しているように見えます。実際、おなかがすいているとき、おむつが濡れているときなどいくつかの場面で「泣く」行動が現れ、それに対して大人が、ミルクをあげたりおむつを替えたりすると泣きやみます。つまり、「泣く」という行動が赤ちゃんの不快感を表す指標となるわけです。感情は快・不快と深いつながりがありますから、「泣く」ということは感情表現であるといえます。なお、「泣く」行動の反対は「笑う」行動です。そうすると、赤ちゃんの「笑う」も感情表現であると考えられ、赤ちゃんにも「感情はある」と思われます。これは行動面からの推測にすぎませんが、現在では間違いないと考えられています。それでは、赤ちゃんの感情はどのように発達していくのでしょうか。

感情の発達についてははっきりしたことはわかっていませんが、アメリカの心理学者ブリッジスは、図表 5-1 に示すような発達分化をしていく

感情と社会性の発達は、子どもの成長に大きな影響を及ぼします。

● 図表5-1　感情の分化

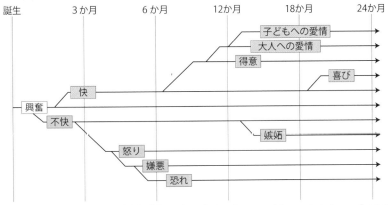

出典：Bridges, K. M. B. (1932) "Emotional development in early infancy," *Child Development*, 3, pp.324-341.

としています。

　ブリッジスの考えは、これまで感情発達の考え方に大きな影響を与えてきましたが、最近の研究では、赤ちゃんはもっと多様な感情をもって生まれてくるのではないかという考え方が広まってきていて、否定的な見方をされています。

　なぜかというと、生まれたばかりの赤ちゃんには、泣くだけでなく笑うという行動も見られ、その笑顔は、赤ちゃんの生存に大きな影響を及ぼしていると考えられるからです。大人が赤ちゃんを「かわいい」とか「愛おしい」と思えるのは、その笑顔によるものだと考えられます。赤ちゃんが、大人に保護してもらったり愛情を受け取るためにかわいいのであれば、そのような行動（笑顔）がプログラムされていたほうが生存に有利になります。つまり、そのような行動は、一定の感情状態によって生じているのではないかと思われます。また、そのような行動と感情とが、親との交流によってさらに強く結びついていくと考えられます。すなわち、「笑う」という行動は、「泣く」という不快な状態を軽減してもらえることによる快状態への変化や、快な状態をさらに継続してもらうためのものであるということです。

2　微笑みの力

　「笑う」という行為は、人間だけの特徴であるといわれています。特に、声を出して笑うという行為は、ほかの動物では見られません。

❶ 自発的微笑（誕生〜2か月頃）

　赤ちゃんは、生まれてまもなく、「笑う」というよりは「微笑む」ことがあります。これは喜びの感情を表出しているわけではない、といわれています。この時期の内的

まどろみながら微笑む

📣 プラスワン

赤ちゃんの「微笑み」

このような微笑みは、「喜びの感情」ではないかもしれないが、「快の感情」であると考えても差し支えないと思われる。大人でも「ふと笑みが浮かぶ」ことがあるように、赤ちゃんにそのようなものがないと決めつけることはできないのではないだろうか。つまり、何らかの内的刺激によって、何らかの「快感情」が生じて微笑みが発生し、微笑んでいると考えられる。

な刺激によって生じる微笑みのことを「自発的微笑」と呼びます。これは赤ちゃんが、まどろんでいるときや眠っているときに生じることがあります。

❷ 社会的微笑（2～4か月頃）

しだいに外からの刺激によって誘発される微笑が増えてきます。これを「外発的微笑」といいます。2か月頃までの間に、音刺激に対する微笑が増えていきます。しかし、生後2か月頃を境として、聴覚的刺激よりも視覚的刺激、特に人の顔に対する微笑みが活発になってきます。このような人の顔を見て微笑むことを「社会的微笑」といいます。この時期の「社会的微笑」は、特定の

あやされて笑う

誰かに向けたものではなく、人全般の顔に向けられた無差別的なものです。これにより、親はもとより他人も微笑む赤ちゃんを見て、心地よさを与えてもらい、その結果、赤ちゃんに積極的に関わりをもとうとするわけです。つまり、微笑みは、親子の相互作用を強め促進し、さらには他者との相互作用も強めるという大きな意味をもっています。

❸ 選択的な社会的微笑（4か月頃～）

ところが、4か月を過ぎた頃から、人全般ではなく、親などの特定の見知った人の顔にのみ反応するようになります。これを「選択的な社会的微笑」といいます。これは、見えや声、においなどの情報をもとにして、馴染みのある人とそうでない人を識別する能力、つまり知覚的な識別能力が高まってくるためだと思われます。これは、人見知りの始まりともいえます。こうした微笑みは、信頼できる相手への愛情表現として機能するようになっていきます。同時に信頼できる相手

親に向かって微笑む

から離れる怖さという、分離不安*の感情にもつながっていきます。

3　社会的参照

乳児が、笑ったり泣いたりしながら自分の感情を相手に伝えているとすると、逆に乳児は、親や他人の感情を理解しているのでしょうか。生まれてすぐにはできないかもしれませんが、しだいにできるようになっていくと考えられています。親子間や他者との間でコミュニケーションや社会的交流が必要だとされる理由、つまり、感情の表現やその読み取りが非常に重要な能力といわれる理由は、ここにあると考えられます。

そこで、乳児が、他者の表情の読み取りができるかどうかを調べた実験があります。アメリカの心理学者ギブソンとウォークは、図表5-2に示されるような「視覚的断崖」という装置を用いて、赤ちゃんの動きを調べ

●図表5-2　視覚的断崖の実験

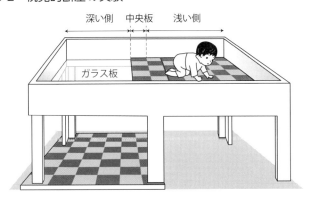

ました。

　この視覚的断崖の装置は、乳児の奥行き知覚（立体視）を調べる装置で、ガラスの張られた面（深いように見える）と板の面の中央に乳児を置き、乳児がどちらに向かうのかを調べるものです。ガラス面に行かなければ、乳児はガラスの下の深さを知覚できているとされます。実験の結果は、6～14か月児のほとんどがガラス面の方に行かないことがわかりました。つまり、6か月を過ぎた乳児は奥行きを理解しているということです。

　そこで、次にガラス面の側から母親に乳児を呼んでもらい、乳児が母親に向かってくるかどうかを調べました。そのとき、母親にはある表情を浮かべながら働きかけてもらうことにしました。それは、ニコニコと微笑みながら呼びかけることと、不安や恐怖の表情で呼びかけることです。その結果、生後12か月の乳児では、約8割がニコニコと微笑みながら呼びかける母親のいるガラス面の方へと来ることがわかりました。しかし、不安や恐怖の表情の場合には誰もガラス面の方には行きませんでした。このことから、母親の表情を手がかりにして、乳児は、ガラス面の方へ行ってもよいかどうかを判断していると考えられます。

　このように、他人の表情を認知して、自分にとって未知の状況や他者を理解するための情報に利用することを「社会的参照」といいます。たとえば、見知らぬ人に会っても、母親がリラックスしていたり安心していたり楽しそうな表情をしていれば、乳児もその人のことを安心できる相手として理解するのです。反対に、緊張していたり不安な表情をしていたりすると、乳児も同じような心境になると思われます。このことも乳児の人見知りの原因の一つと考えられています。

2　社会性の発達

　乳児期から幼児期になると、血縁関係にある家族という最小単位の社会から、血縁ではない他者との関係をもたなければならない社会へと生活環境が変化していき、そのことへの適応が求められます。この時期の社会性

は、遊びをとおして発達していくと考えられています。

遊びの「相手」という観点からみると、2歳頃までは「大人」を相手に遊ぶことが多いのですが、3歳頃からは「子ども」を相手に遊ぶことが多くなってきます。3歳頃からは、同じくらいの年齢の子どもたちに興味をもち始め、遊び相手として関わり合いをもつようになるのです。遊びの「段階」からみると、一緒に遊ぶ人数も2～3人から徐々に大勢で遊ぶようになってきます。

● 図表 5-3　パーテンによる「遊びの分類」

遊びの種類・状態	内容
何もしていない行動	目的や意図をもたずに、ぶらぶらしたり、興味あるものを見たりなど、集団内で何もしていない状態。本来の遊びの段階に進む前で、いろいろな刺激を吸収している状態といえる。
一人遊び	明らかな遊びの状態であるが、自分一人だけで遊ぶ状態。ほかの子どもへの関心がみられず、ひとりごとを言いながら遊んでいることもある。2歳～2歳半ごろに多くみられ、成長とともに減少していく。
傍観的行動	ほかで遊んでいる子どもの様子をそばに行って見ている状態。その遊びに参加しようとはしないが、遊んでいる子どもに話しかけるなどの行動がみられることがある。ほかの子どもに関心が向き始める段階。2歳半～3歳頃にみられる。
並行（平行）遊び	ほかの子どもの近くで同じような遊びをする状態であるが、一緒にその遊びを展開することはない。両者間の交流はみられず、同様の遊びをそれぞれ独立して行っている段階。2～3歳にかけてよくみられる。
連合遊び	複数の子どもが同じ遊びを一緒に行う状態で、ほかの子どもとの間に交流がみられる。道具の貸し借りや会話はみられるが、同じ遊びをヨコのつながりをもって行っている段階で、明確な役割分担はみられない。4～5歳でよくみられる。
協同遊び	1つの遊びを子どもたちが相互に関わり合いながら進めていく段階。役割分担や遊びのルールなどが明確に存在し、それにともなう社会的行動を含んだ組織的な遊びに発展する。4～5歳頃になると急激に増えてくる。

　図表 5-3 のアメリカの心理学者のパーテンの遊びの分類からみても、社会性の発達が確認できます。遊びの段階は、「何もしていない行動」「一人遊び」「傍観的行動」「並行（平行）遊び」「連合遊び」「協同遊び」と変化していきます。この遊びの分類は発達過程を示しているのではなく、このような段階・状態の遊びが存在しているということを示しています。段階が進むにつれ、言葉の能力の発達とともに他者との関係性が親密になり、コミュニケーションが円滑に行われるようになると、遊びの質も変化していくことがわかります。

　以上のような遊びの変化とともに、子どもの身体的・精神的発達が促されていきます。

1　関係性の変化

　乳幼児期になると、これまでの親子関係だけでなく、仲間との関係が大切になってきます。

　親子関係は、「育てる者と育てられる者」というタテの関係が軸になっています。ところが、仲間との関係は、子ども同士の「互いに育ち合う」というヨコの関係が軸になっています。「仲間」とは、同い年を中心として比較的年齢が近く立場もほぼ対等な子ども同士の関係ですから、「ともに育ち合う」というヨコの関係になるのです（図表 5-4）。

　親子関係では、大人である親が子どものことを見ていて、子どもの意図や感情を読み取ろうとします。しかし、乳幼児期の仲間関係では、言葉での表現があまり上手にできない者同士ですから、互いの感情や意図を理解し合うことは難しくなります。だからこそ、子ども同士の関わりは、対大人との関係では経験できないことが体験できるなど、社会生活のために必要なさまざまな基盤となることが培われるという重要な役割を担っているのです。

　近年では、少子化などにより、家庭や近隣で同年代の子ども同士が接す

●図表 5-4　親子関係と仲間との関係の違い

親子関係

仲間との関係

る機会が大幅に減少してきています。地域の子育て支援活動なども活用されていますが、保育の場ではじめて「仲間」と出会う子どもが多いと考えられます。つまり、大半の子どもたちにとって、集団での生活や遊びの体験は保育現場が最初の経験になると思われます。子どもが、普段の生活環境で仲間との関係をもつことが難しくなりつつある現在では、保育の場が、子ども同士の関係性を育むために大きな意味をもっているのです。

　子どもは、仲間との関係をもつことで、たくさんのことを経験的に学んでいきます。子どもにとって仲間は、観察学習（➡ 12 コマ目を参照）のモデルとして相互に影響を及ぼし合う存在なのです。仲間の行動を観察して模倣（まね）しながら、どのように対処すればよいのか、どのように行動すればうまくいくのかなどを学んでいきます。さらに、相手の反応を引き起こした自分の行動について相手の反応を確認して、これからその行動を強めるのか弱めるのか、維持するのかやめるのか、などを学んでいくのです。また、自分一人ではわからないことやできないことも、仲間によって気づかされることも多くあります。

▎2 ▎仲間関係の発達

　他者と関わり合うことで社会性が発達してくると同時に、仲間関係も発達していきます。子どもたちは遊びをとおして社会性を身につけ、仲間としての関わり合いも身につけていきます。

　遊びをとおした仲間との関係が深まっていくと、「仲よし仲間」ができてきます。流動的だった仲間関係が徐々に安定してきて、より親しい関係などの新たな社会性が出来上がります。この一緒に遊んだり過ごしたりする「仲よし仲間」が、児童期以降にみられる「友だち関係」へと進んでいきます。

　保育者にとっても「仲よし関係」は大きな影響を与えます。つまり、その関係を保育者がどのようにとらえるかでその関わり方も異なります。限定的な関係性だけでなく、より多くの子どもたちとの関係性を意図的に増やしていくことを考えることも必要となってきます。保育者は、子ども相互の関わりを観察すると同時に、どのように関わっていけば子どもたちの経験を広めたり深めたりすることができるのかを考える視点が必要となります。

▎3 ▎仲間関係といざこざ

　仲間との関わり合いをもつようになると、仲良し関係だけでなく、お互いの要求がぶつかり合うことも起こりえます。幼児期の子どもは、相手の思いや立場を理解したり自分の感情をコントロールすることが十分に身についていないために、直接的な「いざこざ」が生じることが多くなります。この「いざこざ」を経験することで他者との問題を受け止め、対応することを学び、そのために必要な能力を培っていくと考えられます。このように考えると、子ども仲間で生じる「いざこざ」は、単に困ったこと、収めなければならない事柄ではなく、「育ちのチャンス」とも考えられます。

「いざこざ」の原因は、ものや場所の取り合い、ルールの無視や違反、相手からの言動や意見の不一致など、さまざまなものがあります。相手の意図、感情や立場をどのように理解するのか、また、それをどのように自分の感情と調整するのか、相手に対して表現するのかなどは、子どもの発達や個性、相手や場面によって異なります。保育者や大人がどのように介入するかは、原因だけでなく場面や状況によって異なるので、場面や状況をよく観察する必要があります。

　3歳頃までは、大人が仲立ちとして関わることが求められますが、4～5歳頃になると、自分たちで解決するような場面が多くなってきます。大人があえて関わらずに見守ることにより、互いのことや状況を多角的にとらえられるようになったり自分たちで解決できたという満足感を経験したりすることは、子どもたちの社会性の発達を考えるうえで重要な意味をもちます。このことを大人たち、特に保護者や保育者がよく理解しておく必要があります。

　子ども同士の「いざこざ」に関して近年指摘されていることは、「いざこざ」が生じたときにその場面を回避してしまったり、「いざこざ」そのものの発生を回避してしまったりする子どもが増えているということです。その一方で、ちょっとした出来事で感情を暴発させてしまう子どもの存在も指摘されています。これらの原因として考えられることの一つに、生育環境における「いざこざ」経験の少なさがあります。さらに、少子化にともない、周囲にものがあふれるようになり、子ども同士がぶつかり合わない場面が増えていることもその原因の一つと考えられます。子どもにとっての「いざこざ」のもつ意味を考えると、「トラブルの少ない子ども」をそのまま見過ごすのではなく、場面によってはぶつかり合いを促し、正面から向き合わせるような働きかけも必要になります。

4　自己と自己制御

　「自己」とは、他者とは異なる存在としてとらえられる「自分」を表す言葉です。人は生まれた瞬間から一人の人間として現実世界に存在するわけですが、生まれたばかりの赤ちゃんは、自分と他者とを別個の存在として認識できていないと考えられています。

❶ 自己の認識

　生後3か月頃になる赤ちゃんには、自分の体を探索する行動が見られるようになります。「ハンドリガード*」と呼ばれる行動です。これは、体の感覚を自分で刺激することで「自分の体」であるということに気づき、さらに、外界の人やものとの関わりを繰り返すことで、自分とは異なる「他者」の存在を認識するようになるためのものと考えられます。

　自分の存在を意識できるようになってくると、何でも自分でやりたがったり、大人の手助けを拒否したりするようになってきます。このような自我の芽生えとも思われる行動も、「自己意識」「自己認識」の高まりと密接に関連しています。自分が親とは異なる意思や欲求をもつ存在であることを強く意識するようになり、そのような思いを「自己主張」や「反抗」と

5
コマ目

社会情動的発達

✏️ 重要語句

ハンドリガード
（Hand-regard）

→赤ちゃんが自分の手をじっと見つめるしぐさのこと。regardは「～をじっと見る」という意味。

いった形で大人たちにぶつけるようになります。

　子どもが自己に気づき、「自己意識」を高めていくうえで他者の存在は欠かすことができません。これには言葉の発達も大きく関わってきます。

　保育者や大人たちが子どもの思いをていねいに受け止めていくことは、子どもが他者に対する自分という存在をはっきりと示し、表現していくことの土台となり、とても重要なことです。励ましやよい面をほめる言葉かけは、子どもが自己を肯定的にとらえることにつながります。その意味でも保育者は、子どもの「自己」の発達に大きな影響を与えていることを十分に理解して関わることが大切になります。

　1歳を過ぎた頃から、大人からの指示により行動を制御できるようになります。これは、「自己認識」が高まって「自己主張」が行われるのとほぼ同時期に行動の抑制ができるようになるからです。しかし、みずからの判断ではまだできないので、大人からの指示がなければ「自発的抑制」はできません。これは「第一反抗期」に大きく関わる問題です。

　大人からの働きかけや仲間とのいざこざなどの経験を重ねていくとともに、言葉や思考、記憶などの発達に支えられて、自分なりの行動基準をつくり出し、それにともなって行動を抑制することができるようになっていきます。2歳の終わり頃から3歳にかけて、自分の行動を自律的にコントロールすること（自己統制）ができるようになります。

❷ 自己主張と自己抑制

　自分の行動などを自律的に統制することを「自己制御」といい、その機能は「自己主張」と「自己抑制」に分けられます。

　「自己主張」は、他者に対して自分の意思や能力を認めさせたり自分の欲求を実現させたりすることであり、「自己抑制」は、自分の欲求や意思を抑えたり遅らせたりすることです。この両面を使いこなせてはじめて、人は、「自己統制」ができるといえます。「自己主張」ばかりでも「自己抑制」ばかりでも、真の意味での「自己」をもって他者と関わり合いながら社会を生きていくことはできません。行動が内在化*してくるとはいえ、3歳頃の子どもは、自分の意思や感情を十分にコントロールすることはまだまだ難しく、相手の意図や心情を理解することも難しいため、仲間との間で「いざこざ」が生じることもあります。このような経験のなかから、順番や交代という条件をつけることで問題を解決することができるということを体験的に理解し、場面に応じた対応ができるようになり、我慢することや待つことができるようになっていきます。

重要語句

内在化

→内面化ともいい、さまざまな習慣や考え方、社会の規準、価値などを取り入れて自分のものとすること。

おさらいテスト

❶ 乳幼児の[　　　　]の発達を理解する。

❷ 社会性の発達は、[　　　　]から始まり、[　　　　]との関係によって変化する。

❸ 仲間との関わりのなかで、[　　　　]が始まり、[　　　　]も身につく。

演 習 課 題 ✏

社会性の発達について理解を深めよう

演習テーマ 1 いざこざについて理解を深めよう

① 「いざこざ」が子どもたちに与える影響について話し合ってみましょう。

[

]

②子どもの「いざこざ」がもつ意味を、保護者にどのように伝えればよいか話し合ってみましょう。

[

]

演習テーマ 2 子どもの自己認識について考えてみよう

①実習の場面において、子どもが自己認識できるようになったと思われる行動について話し合ってみましょう。

[

]

②自己主張が必要な場面について考え、それができない子どもたちにどのように対応すればよいか話し合ってみましょう。

[

]

③自己抑制が必要な場面について考え、それができない子どもたちにどのように対応すればよいか話し合ってみましょう。

[

]

身体的機能と運動機能の発達

1 発達の変化の過程および成果には一定のタイプがある。

2 乳児期は、身長で約1.5倍、体重で約3倍の大きさになり、急激な成長がみられる。

3 幼児期後期は、パーソナリティ形成に重要な時期である。

1 身体・運動機能の発達の基礎

　発達とは、「個体の変化過程および変化の成果」と定義されます。その変化の過程および成果には一定のタイプ（型）があり、さらに発達の原理に従って進みます。身体・運動機能だけでなく、すべての機能の変化に関係することですから、ここで、変化のタイプと発達の原理について説明しておきます。

1 発達の変化のタイプ（型）

　発達は次の4つのタイプで変化する過程であり、結果でもあります。

❶ 量の変化

　発達においては、直接的に計測される「量」の変化だけでなく、間接的に計測される「量」の変化も含めて、すべて「量の変化」のタイプであるととらえます。直接的な量の変化の例としては、身長や体重の増加があげられ、間接的な量の例としては語彙数の増加や、遠くへものが投げられるようになる、などがあります。

❷ 釣り合い（バランス）の変化

　私たちの体はさまざまな部位や機能からなっており、それらが独立に変化するのではなく、バランスのとれたものとして変化していくことがわかっています。このことを「釣り合い（バランス）の変化」のタイプといいます。たとえば、生まれたときは4頭身ですが成人になると7〜8頭身になりますし、認知機能と運動機能の関係や、心と体のバランスなどの変化がここに含まれます。

❸ 古い不要な機能・部分の消失

　一定の年齢に達したときに、不必要であるとその機能や部分が消失する変化があります。原始反射*（新生児反射）や、乳歯などが当てはまります。

重要語句

原始反射

→幼児が特有の刺激に対して示す、中枢神経系によって引き起こされる反射行動のこと。

❹ 新しい特質の獲得

　一定の年齢に達したときに必要となる機能や部分、特質が獲得される変化のタイプです。前述の機能・部分の消失と対になるような場合もあれば、まったく新たな特質の獲得もあります。前者の例としては随意運動*の増加にともなう原始反射の抑制や永久歯の獲得、後者の例としては第二次性徴*の発現などがあります。

重要語句

随意運動

→自分の意思あるいは意図に基づく運動のこと。

第二次性徴

→思春期になって現れる、生殖器以外の身体各部分にみられる男女の特徴のこと。

2　発達の原理

　発達の変化過程はランダムに生じるのではなく、発達の一定のルールに従って生じます。しかもそのルールを無視したような形で変化（ランダムな変化）することはありえません。これを「発達の原理」といい、以下の6つがあります。

❶ 未分化、分化、統合

　最初は、それぞれの部分が一緒に動く「未分化の状態」があり、その後、それぞれの部分が分かれて部分部分で動き働くようになる「分化の状態」へと変化していきます。さらにその分化したそれぞれの部分・機能が、ある目的のために協同的な動きや働きをするようになる「統合された働き」をする状態へと変化していきます。

❷ 順序性

　発達は、ある順序に従って進んでいくということで、発達の方向性ともいえます。この順序・方向性を無視した形で発達することはありません。このことは、身体機能や運動機能の発達にも大きく関係しています。たとえば、移動能力に関しては、頭部から尾部（脚部）というように上から下に向かって発達し、把握能力に関しては、中心部から末梢部へと発達が進んでいきます（➡ 1コマ目図表1-2参照）。

❸ 連続性

　目には見えない変化ですが、常に連続的に発達しています。つまり、発達は止まらず、常に変化しているということです。

❹ 波動性

　発達は波動現象であり、機能別に変化のタイプがあります。つまり、機能によって変化のパターンが異なります。例として、スキャモンの発達曲線（➡ 1コマ目参照）があげられます。

❺ 相互関連性

　1つの機能が単独で変化するのではなく、それぞれの機能が相互に関連しながら発達していきます。これは第1項の②「釣り合い（バランス）の変化」に対応しています。運動機能と認知機能がバランスをとりながら変化していくということが好例であり、特に乳幼児期に関連するものなので、保育者はこの関係についてよく理解しておく必要があります。

❻ 個人差（機能差）

　発達には幅があり、個人やその機能によって変化に差があること、つまり時間差があるということです。

　ここまで述べてきた5つの原理は私たちすべてに均等に働くものでし

たが、この原理だけは時間差があること、個人や機能による発現時期が異なること、つまり幅があることを説明しています。特に子どもの発達に関わる人はこのことをしっかりと理解しておく必要があります。発達心理学などで説明される「機能の発現時期」などは、あくまでも平均的指標であることを理解しておいてください。

3 発達課題

　各発達段階で習得しておくべき行動様式として期待される行動を示したものを発達課題と呼びます。その課題が習得できなかったときには、次の発達段階において何らかの支障をきたすことがあると考えられています。アメリカの教育学者のハヴィガーストは1932年に発達課題をまとめ、発達段階を「幼児期および早期児童期」「中期児童期」「青年期」「早期成人期」「中年期」「老年期」の6段階に分けてまとめています。ここでは、乳幼児期に対応する「幼児期および早期児童期」のなかから、身体的機能・運動機能に関連するものを取り上げて説明します。この段階の課題は全部で8つありますが、身体的機能・運動機能に関係しているものは、「歩行の学習」「固形食摂取の学習」「排泄の統制を学ぶ」「性差や性的な慎みを学ぶ」の4つです。

　移動能力としての歩行、栄養補給のための固形食摂取、排泄行動の統制といった基本的な生活のための基礎能力を身につけるのがこの時期の大きな課題となります。これらに加えて、自分の身体のつくりについても理解することが大切な課題となっています。

2 乳児期の身体・運動機能の発達

　乳児期は、誕生～1歳もしくは1歳6か月頃までとされています。その基準としては、運動能力とコミュニケーション能力があげられます。運動能力では「歩行」、コミュニケーション能力では「発話」の開始により、乳児から幼児へと移行すると考えられています。ここでは、運動能力を基準に考えていきたいと思います。

1 身体的特徴

　誕生時は、身長が約48.5cm、体重が約2.95kg（厚生労働省「平成22年 乳幼児身体発育調査結果の概要」2010年）で、生後1か月間は新生児と呼ばれます。それが1歳頃には、身長が約74.1cm、体重が約9.0kg（同報告書）まで成長します。身長で約1.5倍、体重で約3倍の大きさになり、急激な成長がみられます。

　身体的特徴としては、頭が大きく「頭でっかち」であり、手足が短く全体的に丸っこい印象を与えます。発達の原理でも述べたように、未分化の状態であるので、身体全体での動きが中心となります。そこから、分化の

ハヴィガーストの発達課題については、3コマ目も参照しましょう。

状態へと進んでいくのです。

　分化の状態への変化も原理に従って、順序および方向性が決まっており、頭部から尾部（脚部）に向かって発達が進みます。3か月頃には首がすわり、首を自由に動かせるようになってきます。首がすわらないとこの先の発達が見込めない、つまり座ったり歩いたりできないため、ここは重要なポイントとなります。その後、支えないで座っていられる、はいはいができるようになる、つかまり立ちができるようになる、一人で歩ける、というように移動能力が完成します。

　首がすわって発達が尾部（脚部）方向へ進むと同時に、上腕部の方向へも進んでいきます。中心部から周辺部へという発達です。これが手による把握能力の発達につながり、肩から上腕部へ、ひじから前腕部へ、手首、掌（てのひら）、指へと進みます。2~3か月頃には自分の手を見つめる「ハンドリガード」と呼ばれる動作が見られるようになります。その後、手伸ばし行動、熊手型の握り、ハサミ型の握り、ピンセット型の握り、と把握能力が完成してきます。自分の手を使った把握能力は乳児期に完成し、これからは指を使った道具の使用へとさらに発達が進んでいきます。

2　原始反射

　生後間もない新生児は、自分の意思で体を動かすことが難しいので、生命維持のための行動や今後の適応的な行動の基礎になるために必要な活動を原始反射として備えて生まれてきます。以前は「新生児反射」といわれていましたが、現在では原始反射として説明されています。

　代表的なものとして、乳を飲む行動の基礎となる「口唇探索反射（こうしん）」「吸啜反射（きゅう）（てつ）」、危険なものから身を守る行動の基礎となる「引っ込み反射」「瞬目反射（しゅん）（もく）」、抱きつく行動の基礎となる「モロー反射」、ものをつかむ行動の基礎となる「把握反射」、歩く行動の基礎となる「バビンスキー反射」「歩行反射」などがあります（図表6-1）。

　これらの原始反射は、1~2か月でほとんどが消失してしまいます。大

●図表6-1　原始反射の例

原始反射	反応
口唇探索反射	口元を軽くつつくと、さわった方向に頭を向ける
吸啜反射	口のなかにものが入ると吸う
引っ込み反射	足の裏を先の尖ったものでつつくと、足を引っ込める
瞬目反射	ものが急に迫ってきたときや、まぶしい光を急に当てると、まぶたを閉じる
モロー反射	あおむけに寝かせ、頭の支えを急に外すと、両腕を広げ、抱きつくように腕を動かす
把握反射	掌に指を当てると、その指を握りしめる
バビンスキー反射	足の裏をかかとから足先に向けて先の尖ったものでこすると、足の指を扇のように開く
歩行反射	脇の下で体を支えて、床に立たせるようにすると、歩くように足を動かす

6
コマ目

身体的機能と運動機能の発達

脳皮質*と神経系の成熟発達にともない、随意運動が優位になり反射行動が抑制されるためです。

3 幼児期前期の身体・運動機能の発達

　乳児期が終わり、就学するまでの5～6歳頃までの時期を幼児期といいます。この時期の子どもたちはあらゆる局面で著しく発達します。そこで、この時期を幼児期前期と幼児期後期とに分けて考えます。保育現場でも3歳未満児と3歳以上児と分けて対応しているところが多くあります。

　幼児期前期は、乳児期の終わる1歳もしくは1歳6か月～3歳頃までとされています。一人で歩けるようになった乳児期からさらに発達が進み、走ったり跳んだりできるようになり、手先も器用になり、身の回りのことを自分でできるようになってきます。食事、排泄、着脱衣などの基本的生活習慣などを身につけるために、家庭や保育所等内での個別的教育が行われる時期でもあります。

1 身体的特徴

　1歳頃の身長は約74.1cm、体重が約9.0kg、1歳6か月頃の身長は79.5cm、体重が9.9kgであったものが、3歳頃には身長が94.5cm、体重が13.9kgになっています（厚生労働省「平成22年 乳幼児身体発育調査結果の概要」2010年）。身長で約1.2倍、体重で約1.4～1.5倍と、乳児期に比べて伸び率が減少し、発達がゆるやかになっていることがわかります。

　体形の変化を見ると、出生時には4頭身であり、頭が非常に大きく見えましたが、成長とともに頭の割合が小さくなり、2歳児で5頭身となります。この頃には歩行もしっかりしてくるので、見た目の印象として、赤ちゃんから子どもになったと実感できる時期です。

2 運動機能の発達

　1歳頃に歩き始めると子どもの活動範囲は広がり、活動量も増加します。それにともない、身体機能が著しく発達します。

❶ 粗大運動

　粗大運動である全身運動は、以下のように発達していきます。1歳3か月頃には約8割の子どもが歩行可能になり、1歳6か月で障害がない限りほとんどの子どもが歩けるようになります。この時期は、まっすぐ歩けるけれども方向転換がぎこちない状態です。階段はまだ、片手で支えてのぼります。1歳9か月頃になると、しゃがんだまま遊べるようになり、大きなボールならけることができます。また、つま先立ち歩きができるようになります。2～2歳6か月では両足でピョンピョンと跳ぶことができ、歩幅が狭くなり、転ばないで走ることができるようになります。これによ

ひとり歩き

り歩行運動が完成したと考えられます。さらに、足踏み式*で階段ののぼりおりができるようになります。2歳6か月〜3歳頃になると、滑り台にのぼって滑ることができ、45cmほどの高さから飛び降りることができるようになります。また、ける、走る、跳ぶなどの基本的な運動能力が獲得されます。さらに、身体の各部それぞれの動きが協応し安定してくるので、バランスや巧緻性、平衡感覚などのコントロール機能がよくなり、乳児に比べて格段と身のこなしが上手になった印象を受けます。

❷ 微細運動

　微細運動である手指の動きについては、乳児期に完成したつまむ・つかむ動作に加え、より細かい複雑な動きができるようになっていきます。1歳3か月頃には、小さなものをコップやビンに入れたり出したりできるようになり、厚地の絵本を2〜3ページまとめてめくれるようになります。また、クレヨンなどを使ってなぐり描きをするようになります。1歳6か月では積み木を2〜3個重ねることができ、スプーンを使ってスープなどを飲むことができるようになります。1歳9か月頃には、5〜6個の積み木を積み上げることができ、スプーンを使って食べたり、こぼさずにコップから水を飲んだり、ストローで飲めたりするようになります。鉛筆で曲線が描けるようになり、服のスナップボタンが外せるようになります。2〜2歳6か月になると厚地の絵本を1ページずつめくれるようになり、ビーチボールのようなものを投げることができるようになります。また、投げるときに転ばず、ちょうどよいところに投げてやると受け取れるようになります。2歳6か月〜3歳になるとコップや湯飲みに入っている水をこぼさずに飲むことができるようになります。また、手本を示してあげるとクレヨンなどでまっすぐな線が描けるようになり、色紙が2つに折れる（一度折り）ようになります。

　2歳頃になると、食事や着脱衣などの基本的生活習慣を形成するうえで必要とされる活動が獲得されます。また、左右の手を別々に使いながらの活動もできるようになるので、簡単な製作や造形活動もでき、遊びや活動の幅が広がります。

滑り台を滑る

なぐり書き

ボールを投げる

4 幼児期後期の身体・運動機能の発達

　幼児期後期は3〜6歳頃までで、パーソナリティ形成*に重要な時期とされています。身体的、運動的、認知的それぞれの側面がますます発達していくと同時に、自己概念が発達し始め、他者との関係などの社会的側面の発達も進んでくるからです。集団教育による集団生活が始まることで生活範囲が広がり、さまざまな経験をしながら、自発性や社会性の発達が促される時期でもあります。

重要語句

パーソナリティ形成

→パーソナリティとは、個人の嗜好と行動を特徴づける一貫した傾向のこと。そのような傾向がつくり上げられるのは、幼児期の養育環境が大きく影響していると考えられている。

1　身体的特徴

　3歳頃に身長が94.5cm、体重が13.9kgだったものが、6歳頃には身長が114.3cm、体重が19.9kgとなっていて、身長で約20cm、体重で約6kg増加しています（厚生労働省「平成22年 乳幼児身体発育調査結果の概要」2010年）。この時期は身長、体重の伸びも著しいのです。また、中枢神経系の発達も著しく、脳重量が5歳で約1,200gとなり、成人の約90%に達します。これは脳神経のネットワーク化が進んでいることを表し、運動機能や認知機能の発達に大きな影響を及ぼします。利き手が明確になるのもこの時期です。

2　運動機能の発達

　基礎的な運動能力を2歳までに身につけた幼児は、身体発達や脳神経系の発達により複雑で滑らかな動きができるようになります。この時期に大人が日常的に行う動作の型である基本的運動を身につけます。ここでは、個人差が大きいことに注意をしておく必要があります。

❶ 粗大運動

　3～4歳頃にはブランコに乗って自分でこげるようになり、リズム感の必要な運動ができるようになります。目を開けたままで片足立ちが数秒間できるようになります。また、60%くらいの子どもが三輪車に乗れるようになります。このことは、運動の分化が進んできたことを示しています。さらに、30cmほどの高さから両足を揃えて飛び降りることができるようになります。4～5歳頃ではスキップができるようになり（5歳で70%ほど）、50cmほどの高さから両足を揃えて飛び降りることができるようになります。自分の身体をコントロールしながら運動するという、調整運動ができるようになってきて、身体の各部位を協応させ、調和のとれたリズミカルな動きがスムーズにできるようになります。5～6歳頃になると片足立ちができるようになり、80cmほどの高さから両足を揃えて飛び降りることができるようになります。さらに、ボールをつきながら走る、棒のぼり、ジグザグ走りなど、身体の各部位を協応させた滑らかな動きができるようになります。また、長い時間、運動をし続ける持久力もついてきます。全身運動の基本的な能力は、この時期で一通り完成し、成熟は終了します。

ブランコを自分でこぐ

❷ 微細運動

　手指の運動についてみると、3～4歳頃には色紙の二度折りができ、ハサミを使えるようになります。また、クレヨンなどで円が描けるようになります。4～5歳頃になると箸を上手に使えるようになります。ボタンの掛け外しができるようになり、シャツを上からかぶって着たりパンツを上手に脱ぎ履きできるようになります。5～6歳頃にはクレヨン・鉛筆を大人と同じようにもって使えるようになり、輪郭をはみ出さないで塗り絵ができるようになります。また、両手を使って紐を固結びできるようになります。このことは利き手が決まってくることや知覚能力の発達も関係しています。両手を使った協応動作が確立してくると、道具を使った製作活動への意欲や関心が高まってきます。

円が描けるようになる

3　表現の発達

　表現の発達では、描画表現と音楽リズム表現の 2 つがこの時期に特に著しく発達します。

❶ 描画表現の発達

　描画表現の発達は、なぐり描き期、象徴期、図式期、写実期の 4 段階に分類されます。1 歳半〜 2 歳半頃のなぐり描き期には、短い線や点を叩きつけるように描きます。これは調整運動が未発達なため、肩を軸に腕全体で描くためといわれています。ひじを軸にして動かせるようになると弓形の横線が描け、手首の調整ができるようになると縦線や渦巻きが描けるようになります。この時期は、何かを表現しようという意図はなく、動き自体を楽しむという運動衝動が優位な表現となっています。2 歳半〜 5 歳頃は象徴期になり、円、四角形、三角形、十字架などの簡単な形が描けるようになり、何かの再現として意味づけるようになります。この時期は「頭足人」と呼ばれる特徴的なものを描きます。これは一つの円が胴と頭の両方を表現しており、そこから出る縦の線で脚を、横の線で腕を表現した人の絵であり、ほとんどの子どもが描く絵です。大人から見ると奇妙な絵に感じられるかもしれませんが、子どもの表現したい気持ちを受け止めることが大切です。5 〜 8 歳頃は図式期になり、幼児期はこの時期の初期までとなります。この時期には、人や花、家などが図式的にそれらしく描けるようになりますが、見たものを写実的に描くのではありません。車を描くとき、なかの人が透けて見えるように描く「透明画」、前と後ろにあるものを並べて描いたり、見えない部分を分けて描いたりする「分かち描き」、円筒形のすべての面を描く「展開描法」などの知的リアリズムの傾向がみられます。これらも不思議で奇妙な絵ですが、頭足人の場合と同じように、絵を描きたいという気持ちや思いを、保育者は受け止めることが大切です。

頭足人

❷ 音楽リズム表現の発達

　音楽リズム表現も、幼児期後期に急激に発達してきます。3 歳頃には両手を交互に開閉することができるようになってきて、簡単なリズム打ちができるようになります。5 歳までにリズムの正確さが飛躍的に増し、両手の交互開閉も正確にできるようになります。また、3 拍子や 4 拍子のリズムに合わせて身体を動かすことができるようになります。そのため、楽器の演奏や音楽に合わせて歌ったり踊ったりできるようになります。これらのことから、保育所等や幼稚園ではこの時期には発表会などが行えるようになり、子どもたちも進んで楽しめるようになります。

おさらいテスト

❶ [　　　　] の過程および成果には一定のタイプがある。

❷ 乳児期は、身長で約 [　　　　] 倍、体重で約 [　　　　] 倍の大きさになり、急激な成長がみられる。

❸ 幼児期後期は、[　　　　] 形成に重要な時期である。

ディスカッション

- -

　「変化のタイプ」や「発達の原理」において、保育者が特によく理解しておく必要のある項目をそれぞれあげ、皆で話し合ってみましょう。

①変化のタイプ

②発達の原理

演習課題

子どもたちのデータを測定してまとめてみよう

①子どもたちの粗大運動と運動能力の発達について、子どもたちのデータを測定して、その結果をまとめてみましょう。

データ測定のヒント：粗大運動については、それぞれの年齢で体全体を使った運動がどれほど行われているか、運動能力については、それぞれの年齢で運動能力テストに含まれる行動を測定するなど。

②幼児期後期の子どもたちの表現能力について、子どもたちのデータを測定して、その結果をまとめてみましょう。

データ測定のヒント：それぞれの年齢で、絵を描かせてみたり、楽器を演奏させてみたり、歌を歌わせてみる。

認知の発達 1

1 認知とは、感覚・知覚の働きによって生じる外界についての認識のことである。

2 乳児期は、ピアジェの分類では感覚運動的思考の段階である。

3 幼児期前期には、認知機能をもとにさまざまな機能が発達する。

1 認知発達の概説

　認知は、感覚・知覚の働きによって生じる、外界についての認識のことと定義されます。感覚・知覚、認知は一連の活動となっているので、区分することはとても難しいのですが、次のように考えられています。

　感覚とは、感覚器官によって受け取られる外界からの刺激によって生じるもので、「何かがあった」「見えた」「聞こえた」などというものです。私たちには、視覚、聴覚、触覚、嗅覚、味覚、つまり「見えた」「聞こえた」「触れた」「嗅いだ」「味わった」という五感があります。その受容器はそれぞれ、目、耳、皮膚、鼻、口になり、光、音、温度や圧力や痛み、さらに気体や液体の化学物質などが刺激となります。感覚は刺激があったことを知るだけです。

　知覚とは、さらにその上位処理*が行われ、その刺激が何であるかを知ることです。つまり、見えたものが何であるか、聞こえた音が何であるかを知る、つまり刺激が何であるかを知ることを知覚といいます。

　さらに外界の刺激が何であるかを知ったならば、その後どうするかを決定しなければなりません。その決定することが認知なのです。つまり、刺激を知ったから、その刺激に対して何をなすのかを決めて何らかの行動をすることが認知の役目だといえます。

　認知を以上のように理解すると、この認知の発達が私たちにとって非常に大切なものであることがわかります。つまり、認知がなければ思考、言語などの機能の発達も考えられないのです。そして、認知の発達には、感覚と知覚の発達が大きく関わってきます。ですから、乳児期や幼児期における感覚と知覚の発達を理解することは大切なのです。

重要語句

上位処理

→脳における情報処理は階層的に行われる。情報は、低次である1次処理から始まり、2次処理、3次処理と高次処理に進んでいく。高次処理のことを上位処理という。

1 ピアジェの考え

❶ 子どもの理解の枠組み

　ピアジェは、「子どもは、与えられた刺激や状況を受け身的にとらえるのではなく、自ら進んで刺激や状況を積極的にとらえて認知をつくり上げていく」と考える**構成主義***的な立場から、認知発達の理論を提唱しています。彼は、子どもがものを理解するときの枠組みを「シェマ」と名づけ、経験によって形成される活動の様式と考えました。そして、すでにもっている「シェマ」を当てはめて新しい事実を理解することを「同化」、新しい事柄に適応するために「シェマ」を変えていくことを「調節」としました。

　たとえば、5体の犬のフィギュアを見せられて、子どもがそれを「犬」と教わりました。そこで子どもは、それぞれ一体一体は違うものの「犬」というものの共通点を見つけます。これが「シェマ」です。その後、猫のフィギュアを見せられたときに、経験則から子どもはそれを「犬」だと言います。このように、何かに接したときに、すでにもっているシェマを当てはめることを「同化」といいます。しかしそのとき母親から「これは猫だよ」と教わると、子どもは新しい「猫」というものを認識し、犬のシェマと区別することができるようになります。これが「調節」です（図表7-1）。

●図表7-1 「同化」と「調節」

「同化」

「調節」

　以上のような経験が蓄積されていくと、さまざまな犬とさまざまな猫を意識せずに見分けられるようになっていきます。このように、子どもたちは「同化」と「調節」を繰り返しながら環境に対して積極的に働きかけ、認知発達を遂げると考えたのです。

❷ 認知発達

　ピアジェは、認知発達の段階を次の2つに分類しています。

・「感覚運動的思考段階」…生まれてから2歳頃まで

・「表象的思考段階」…2歳頃以降

ピアジェの考え方は、3コマ目でも学びましたね。

🖉 重要語句

構成主義

→子どもたちがある対象について、彼ら自身によって理解を進められるようにすべきであるという考え方。

シェマについては3コマ目も参照しましょう。

7
コマ目

認知の発達
1

●図表 7-2　表象的思考段階

段階		年齢
①前操作期	1) 前概念的思考期	2 ～ 4 歳頃
	2) 直観的思考期	4 ～ 7 歳頃
②具体的操作期		7 ～ 11 歳頃
③形式的操作期		11 歳

　「感覚運動的思考段階」とは、本当の思考に入る前の段階と考え、象徴・記号・言語を使えない、もしくは使いこなせない段階としています。ここでは、感覚器と運動能力との協応を使って外部環境を認知して、新しい場面に適応すると考えています。たとえば、見た目はザラザラしているように見えるものに実際触ってみてザラザラした感触を理解する、ヌルヌルしたものを触ってみて気持ち悪く感じ、それを避けるようになる、などです。

　「表象的思考段階」は、本来の思考の段階としています。象徴・記号・言語を必要とし使いこなせる段階で、概念*を操作し、自分自身の考えを巡らしたり他者に伝えたりという行動が可能になる段階です。この段階は、図表 7-2 のように分けられます。

　また、幼児期の認知発達は、感覚運動的思考段階の試行錯誤の段階から前操作期までとなります。

2 　ヴィゴツキーの考えとその他のピアジェに対する批判

　前項で述べたピアジェの構成主義的な発達理論に批判的な考え方を唱えたのが、ヴィゴツキーです。ヴィゴツキーは、人の認知機能は社会的・文化的なものを媒介として発達すると考えました。そこで、「発達の最近接領域」というものを導入して発達を理解しようとしました。

　ヴィゴツキーは、発達水準には子どもが一人で解決できる水準と、他者である大人や仲間たちの手助け（援助）によって解決できるようになる水準があると考えました。この大人や仲間の手助けによって解決可能な水準を「最近接領域」といい、大人や仲間の働きかけによって個人の成熟を待たずに認知的な発達が遂げられると考えました（図表 7-3）。つまり、認知の発達は、大人や他人との社会的相互作用をとおして行われ、それがしだいに個人のなかで行われるようになると考えます。さらに彼は、認知発達は、言語機能が重視されることや教育によって促進されることなどを述べています。

　ピアジェの考え方は、今でも大きな影響力をもつものですが、最近の研究では問題点も指摘されています。その一つが、乳幼児のもつ認知能力の過小評価です。ピアジェは、乳幼児期の子どもたちは「保存概念をもたない」「他者の視点を理解できない」など、あまり論理的ではないとしています。しかし、その後の研究により、子どもたちの論理的でない反応は、質問のしかたや課題内容によって生じていた可能性や、日常的な内容・状況であれば子どもたちがより高度な認知能力を示すことが明らかにされています。

　つまり、子どもの認知発達を理解するためには、単純に一つの状況のみ

重要語句

概念

→概念は、「ものごとの性質に対する共通の認識、またはそれを言葉にしたもの」と定義される。たとえば、「三角形」は「3つの異なる頂点を3本の線分で結んだ図形」といえ、それに当てはまるものはすべて三角形である。また「犬」は「4本足の動物で、ワンワンと鳴く」というようにいえる。ある言葉で表される一般的なことを説明するのが「概念」である。

●図表7-3　発達の最近接領域

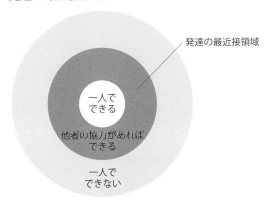

発達の最近接領域

一人で
できる

他者の協力があれば
できる

一人で
できない

で判断するのではなく、その課題が子どもの日常生活に見合った内容であるかどうかを考え、さまざまな状況で子どもの認知能力を踏まえる必要があるといわれるようになり、乳幼児は、ピアジェが想定した以上に認知的有能性を有していると現在では考えられています。

　ピアジェの考え方については、上記のようにヴィゴツキーなどから批判されていますが、大筋においては大きな誤りや間違いがあるとはされていません。したがってこのコマでは、ピアジェの考え方に沿って認知発達をみていきます。

2　乳児期の認知発達

　乳児期の認知は、ピアジェの分類でいう感覚運動的思考の段階なので、感覚・知覚の発達について知っておくことが大切になります。以前からよく調べられている視覚と聴覚について確認しておくことと、最近になって調べられるようになってきたそのほかの感覚についても確認しておくことが大切になります。

1　視覚・聴覚の発達
❶ 視覚の発達
　生まれたばかりの赤ちゃんはどのくらい見えているのでしょうか。赤ちゃんはまったく見えない状態で生まれてくるわけではなく、ぼんやりと見える状態で生まれてくるといわれています。つまり、ピントが合っていない状態で生まれてくるのです。そのときの視力は、0.03 といわれています。それが6か月ほどで0.2 程度になるとされています。大人でいえばかなりの近視の状態です。大人と違うのは、この状態が持続するのではなく、徐々に視力がよくなっていくところです。ですから、子どもと眼がうまく合わないと感じるのはそのためです。

　生後間もない頃から6か月頃までは、よく見える距離はだいたい 30cm

●図表 7-4　乳幼児の選好注視研究

視覚的な刺激を、乳児がどれくらい長く見つめるかを計測した実験。
注視する時間が長ければ、対象物に興味を示したことがわかる。
実験結果は、文字や図柄、色彩ではなく、人の顔であることが示された。

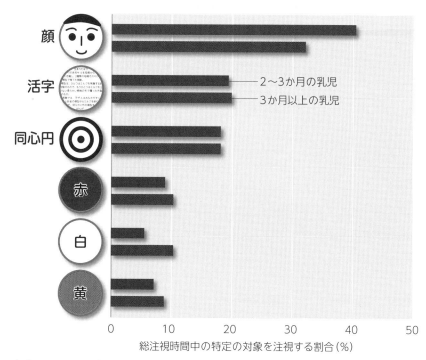

出典：Fantz, R. L. (1961) "The Origin of form perception," *Scientific American*, vol.204 をもとに作成

くらいです。これは、抱っこされたときに抱っこしてくれている人の顔がはっきり認識できる距離です。自分を育ててくれる人の顔を早く覚えられるよう、さらにアイコンタクトをとることができるように視覚能力が準備されていると考えられます。1歳になる頃には、視力は 0.4 くらいになることがわかっています。

　乳児の視力がそれほどよくないことはわかりましたが、それではどのようなものを好んで見るのか、あるいは何が見分けられるのかをみていきましょう。アメリカの発達心理学者のファンツ は、**選好注視法**＊という実験手法を用いて、乳児の視覚的弁別能力を調べました。その結果、「乳児は、より複雑でバランスや配列がよいものを好んで見る、さらに人の顔に興味をもっている」ことがわかり、弁別能力は、生後1週目頃から十分に働いていることが明らかになりました（図表 7-4）。その後、さらにただ複雑なものを好むのではなく、乳児の視覚能力に応じた範囲での複雑さをもつものを好むことがわかりました。

　乳児はかなり早い時期から弁別能力を発揮できることがわかりましたが、奥行き（距離）知覚はどうなのでしょうか。これについては、視覚的断崖

重要語句

選好注視法

→何に注目し、何を好んで見ているのかを測定する方法。生後間もない乳児などの被験者に適応されることが多い。

と呼ばれる装置を使って調べられました。その結果、乳児は深さを知覚していることがわかりました。弁別能力よりは多少遅くなりますが、奥行き知覚も生後早い時期にできることがわかりました。

　以上のように、ものを見分け、距離を理解するなどの基本的な視覚の能力は、生後間もない時期に完成していることがわかりました。

❷ 聴覚の発達

　聴覚についてみてみると、誕生後には十分に機能していることがわかっています。胎児期に聴覚は完成しているといわれ、母親の話しかけはもちろん、父親が話しかけたりしても胎児が反応することや、生後間もない新生児に動脈の血流音と心臓音を聞かせると、泣きやむことや眠りに落ちることがわかっています。ただし、これらの反応は生後1か月くらいで見られなくなります。これは、誕生後に聞こえてくる音刺激のために反応が抑制されると考えられています。

　乳児は、女性が発する高い声音やゆっくりとした抑揚のある話し声を好むことがわかっています。このような話し方のことを「マザリーズ」と呼びます。視覚も聴覚も、誕生時には十分機能していることがわかってきています。ただその機能が大人のように完成しているわけではなく、これから発達していきながら完成へと向かいます。

2　ほかの感覚の発達

　視覚・聴覚以外の感覚である、触覚・味覚・嗅覚についてはそれほどくわしく研究されているわけではありません。なぜかというと、実験して調べようとしても言語的な反応が得られるわけではないので、確実なことがわかりにくいということがあげられます。しかし実際に、乳児に苦い水や甘い水を与えると苦い水は吐き出し、甘い水は飲むということが観察されていますし、においも同じく、臭い香りは避ける反応が観察されています。このことから、味覚も嗅覚も機能的に十分働いていると思われます。

　触覚についても同じように十分機能しているといえますが、味覚や嗅覚とは少し違う点もあります。触覚とは、みずからふれることによって、そのものの触り心地や温度などが直接的にわかることです。ツルツル、スベスベ、ザラザラなどの言葉で表現されるものは、感情レベルでの理解と大きく関わると考えられます。大人になると、ツルツル、スベスベ、ザラザラなどは視覚的に理解できているので、「触る」という触覚的な行動はしなくなるともいえます。しかし、子どもたちはその経験が少ないため、実際に触ってみてその感触を楽しみ、理解するというプロセスが必要となるわけです。そのような理由からも、触覚に関する行動が大切になると思われます。子どもたちは見たものを触ったりなめてみたり放ってみたりして、そのものの特質を確認しようとする傾向にあります。ここでは触覚という感覚が基本にあると考えられます。そして、子どもを育てるうえで大切であるといわれている「タッチング（スキンシップ）」と大きく関係してきます。

視覚的断崖については、5コマ目を参照しましょう。

📃 プラスワン

マザリーズ

乳児に話しかけるときの養育者に注目してみると、いつもより無意識的にトーンが高く、ゆっくりと抑揚をつけた声で語りかけている。これをマザリーズと呼ぶ。乳児は、養育者のこのような声が大好きで、情緒の安定をもたらし、たくさんの言葉が身についていく。

7コマ目

認知の発達1

3 ピアジェによる段階

ピアジェによると、乳児期の認知の発達は、「感覚運動的思考段階」であり、そのなかの「反射」から「試行錯誤」の段階までとなります。その次の段階である「洞察」の段階も含めて、それぞれの特徴を説明すると以下のようになります。

❶ 反射

反射の段階は誕生から生後 1 か月頃までで、新生児反射と呼ばれる原始反射と睡眠が中心の時期です。生後 1 か月頃になると、条件反射が形成されるようになります。生得的なシェマだけでなく、経験的なシェマが形成されてくるようになります。たとえば、驚愕反射は大きな音がしたときに起こる反射で、生得的なシェマと考えられます。生後 1 か月頃には驚愕反射は起きますが、そのとき母親からの抱擁など安心感が与えられると、驚きのあと安心感がくるという経験がなされ、それが経験的なシェマとして形成されていきます。

❷ 一次的循環反応

一次的循環反応の段階は生後 1 か月頃から 3 か月頃までで、ある習慣が形成されてきて反復を繰り返すという行動が見られるようになります。たとえば、ものを手放すという行為ができるようになると、それを何度も何度も繰り返し行おうとします。大人から見ると何をしたいのかわからないような状況ですが、子どもはこのような循環反応を楽しんでいるかのように思われます。

❸ 二次的循環反応

二次的循環反応の段階は生後 3 か月頃から 6 か月頃までで、興味ある結果をもたらす行動をするようになります。つまり、目的をもった行動の繰り返しが始まります。たとえば、テーブルを叩くという行動を、自分の興味を満たすために繰り返し行うという点では志向性はみられますが、それによって新しい行動を発見したりすることはないので、創造性はみられないものであるとされています。そのためこの行動は、創造性はみられないが、志向性はみられるという点において、一次的シェマの段階ともいわれています。

❹ 三次的循環反応

三次的循環反応の段階は生後 6 か月頃から 10 か月頃までで、偶然の発見ではなく、これまでに獲得したシェマを使って行動をするようになります。問題解決行動なども見られるようになり、思考の段階に入ったと考えられます。これを二次的シェマの段階ともいいます。たとえば、目の前のものが隠されたとすると、その隠されたものを探し出そうとするようになります。布でかぶせて隠されると布を取り上げて見つけ出し、それで見つからなければ、隠した人の後ろを見たり手のなかを見たりするなどの行動です。

❺ 試行錯誤

試行錯誤の段階は 10 か月頃から 18 か月頃までで、手当たりしだいにいろいろなことをしながら答えが出るまでその行動を続ける時期です。す

でに獲得したシェマを使いますが、次の段階である「洞察」のような見極めはまだできていないため、試行錯誤的な行動が多いという意味で新しい飛躍はみられないとされています。乳児期はこの段階でほぼ終わり、次の「洞察」の段階は、幼児期のはじめにみられます。

❻ 洞察

洞察の段階は幼児期の生後 18 か月頃から 24 か月頃までで、自分なりの見極めをもって行動をするようになります。すぐに試行錯誤的な行動がなくなるわけではありませんが、子どもなりに場面や状況を確認して、最適な行動を導き出すことができるようになります。

以上をまとめると、図表 7-5 のとおりです。

なお、乳児期の認知は、習得した活動を反復するという「循環反応」が大きな特徴で、保育者はこのことをよく理解しておく必要があります。つまり、子どもが大人に同じことを繰り返させたりするのは、この循環反応のためです。

● 図表7-5　感覚運動的思考の段階まとめ

段階	月齢
①反射	～ 1 か月頃
②一時的循環反応	1 ～ 3 か月頃
③二次的循環反応（一次的シェマ）	3 ～ 6 か月頃
④三次的循環反応（二次的シェマ）	6 ～ 10 か月頃
⑤試行錯誤	10 ～ 18 か月頃
⑥洞察	18 ～ 24 か月頃

3　幼児期前期の認知発達

幼児期になると、感覚運動的思考の段階から象徴的思考の段階へと、認知機能が変化していきます。幼児期前期は、1 歳頃あるいは 1 歳半頃から 3 歳頃までの時期で、象徴的思考の段階のなかの前概念的思考の段階にあたります。前述したように、象徴・言語・記号を使えない段階から、それらを使い始め、使えるようになる段階になってくる時期です。そのため、認知機能をもとに、そのほかのさまざまな機能も発達し始めてきます。運動能力はもちろん、知覚機能や言語機能などの発達が著しく進む時期で、認知機能と並行して発達が進んでいきます。

ここでは、幼児期前期の知覚能力の発達について説明していきます。

7
コマ目

認知の発達
1

1　幼児期の知覚の特徴

　幼児期の知覚には大人とは異なる特徴があげられます。まず、主観的で未分化なことです。これは幼児が発達途上にあるためで、このような状態から客観的で分化した知覚へと進んでいくものだと考えられています。ただし、主観的で未分化な知覚が劣っていて、客観的で分化した知覚がすぐれているというわけではないことを理解しておく必要があります。幼児期の主観的で未分化な知覚を特徴づけるものとして、「相貌的知覚」「図地構造の未分化」「共感覚」の3つがあげられます。

　相貌的知覚とは、対象物に感情や表情を見ることで、たとえば、コップが倒れているのを見て、「コップがねんねしている」というように表現します。これは、幼児が自分の行動と対応させることで、その状況などを理解しようとしていると考えられています。

　図地構造の未分化とは、知覚を成立させるための図地構造が十分に理解できていないということです。「図」とは知覚すべきもの、「地」とは知覚すべきでないもののことであり、この2つが明確に区別、理解されることで事物の知覚が成立します。「図」と「地」については、「ルビンの壺」といわれる図をもとに考えてみましょう（図表7-6）。白い部分を「図」として見ると「西洋の壺」が見え、黒い部分を「図」として見ると、2人の人が向かい合っているように見えます。何を見るかは、どこを「図」として見るかによって決まってきます。ふだんはこの図のように、図と地が反転してしまうような場合は少ないので、見るべきものや見たいものを図として知覚しているのです。ところが幼児は、図が大切で意味があるものと理解できず、両者をはっきりと区別できないため混同しやすく、主観的に判断しようとします。

　共感覚は、**不適刺激***によって感覚が生じる現象のことで、1つの感覚が生じるとそれに随伴してほかの感覚も生じる現象のことです。たとえば、音を聞いて色を見る、というようなことで、知覚の未分化性によるものと考えられています。

2　幼児期の知覚能力の発達

　幼児期になるとさまざまな知覚能力が発達してきます。色、形、大きさ、方向、距離（奥行き）、時間などの知覚がしっかりとしてくる時期でもあります。それぞれについて説明していきます。

音を聞いて色を見る、とは「ドレミ」という音を聞くと、「色彩がありありと見える」というような状況のことです。幼児は音楽を聞くと、抽象画のような絵が見えるといわれています。

🖊重要語句

不適刺激

→感覚器が感知できない刺激のこと。たとえば、感覚器が耳の場合、音は適刺激だが光は不適刺激である。

●図表7-6　ルビンの壺

● 図表7-7　平面幾何学図形

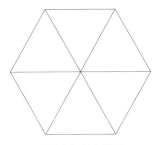

平面図形（正六角形）

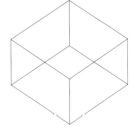

平面図形（立方体）

● 図表7-8　左右鏡映像関係

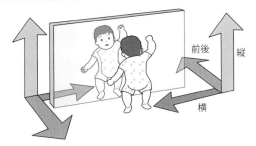

前後　縦

横

❶ 色の知覚

　色の知覚については、乳児の頃から色の弁別*はできていることがわかっていますが、それが著しく発達するのが3〜5歳の幼児期前期から後期にかけてといわれています。これには、色名称を覚えることと色概念の形成が大きく影響していると考えられます。色名称を覚えるということは、言葉の獲得とも深く関連しています。

❷ 形の知覚

　形の知覚については2歳6か月頃に完成し、3歳頃では100％知覚できるようになっています。図形弁別の手がかりとしては、形、大きさ、方向の順に発達していきます。立体形の弁別は特に早く、後述する距離（奥行き）の知覚と関連していると思われます。立体の弁別が可能になってから平面図形の弁別が可能になります。平面図形でも、具体的な図形である絵や写真などが弁別できるようになり、その後平面幾何学図形（図表7-7）の弁別ができるようになります。これは2歳から3歳の間の発達が著しいという特徴があります。

❸ 大きさ・方向の知覚

　大きさの知覚については2歳から7歳で直線的に発達します。
　方向の知覚については、ほかの知覚能力に比べて発達が遅いという特徴があります。上下関係が理解できるようになるのは2歳6か月、左右関係が理解できるようになるのは4歳前後です。幼児が最も間違いやすい方向の知覚は、左右鏡映像関係（さゆうきょうえいぞう）（図表7-8）の知覚、次いで上下逆位関係

重要語句

弁別

→2つ以上の刺激の違いがわかること。

乳児は、色の違いはわかっていますが、その色の名称は知らないと考えられています。つまり、赤と青の違いはわかっていますが、赤とか青とかいう名前は知らないということです。赤と青の2色がある場合、一方を「赤」、もう一方を「青」と命名することで、しだいに色概念が出来上がり、同時に色名称も覚えていくと考えられます。また、「赤」といってもたくさんの「赤」があります。色を覚えるということは、それらすべてを「赤」という概念で表現することを覚えていくということでもあるのです。

7 コマ目

認知の発達1

の知覚です。左右鏡映像になっているものは、「同じ」ものとして知覚しているようです。

❹ 距離（奥行き）の知覚

距離（奥行き）の知覚については乳児期から距離知覚はできていることがわかっています。それは具体的なものの距離についてのことで、図像的なものや抽象的なものについてはあまり正確に判断できていません。描画表現などを見ると、奥行きをつけて描くことが見られないことからもわかります。

❺ 時間の知覚

最後に、時間の知覚ですが、人は時間を知覚する感覚器官を備えていませんが、時間の長さを直接的に把握する様式をもっています。この様式を総称して時間知覚と呼びます。感覚器官による知覚ではないので、主観的な判断に影響を受けやすい面があります。たとえば、楽しい時間は短く、退屈な時間は長く感じることなどです。2歳頃では、現在と過去未来の区別がつきません。つまり、「後で」や「この前」というのがわかりません。そのため、この年齢の子どもたちへの言葉かけとして「あとで」とか「さっき」と言ってもわかっていない可能性があります。

3歳頃になると、昨日と明日がわかるようになり、現在と過去・未来の知覚が分化してきます。子どもたちの会話のなかにも「明日ね」とか「昨日ね」などの言葉が出てくるようになります。しかし、「一昨日」「〜日前」や「明後日」「〜日先」などはよくわかっていません。年齢が上がるにつれて過去未来が細分化されてきて、「昨日」「一昨日」「〜日前」や「明日」「明後日」「〜日先」などがわかるようになります。

おさらいテスト

❶ 認知とは、[　　　]・[　　　]の働きによって生じる外界についての認識のことである。

❷ 乳児期は、ピアジェの分類では[　　　]の段階である。

❸ 幼児期前期には、[　　　]をもとにさまざまな機能が発達する。

演習課題

ディスカッション

　乳児期と幼児期前期の認知的な発達を示す行動をいくつかあげて、それぞれの行動を子どもたちがどのようにしているのかを記録し、話し合ってみましょう。

認知の発達2

1 幼児期前期の認知は、具体的で映像的で行為に支配されやすいという特徴がある。

2 認知発達にともない、基本的生活習慣を身につけることができる。

3 幼児期後期になると認知機能が著しく発達するが、まだ自己中心的な認知は残っている。

1 幼児期前期の認知発達（続き）

1 ピアジェによる段階

ピアジェの発達区分は、7コマ目図表7-2を参照しましょう。

ピアジェの発達区分によると、幼児期前期は、「表象的思考段階」のなかの「前操作期」のうちの前概念的思考の段階になります。表象的思考段階とは、象徴・言語・記号を使ったり、使いこなせる段階の認知のことです。つまり、感覚運動的思考ではなく、脳のなかで言語や記号を使ってものごとを考え操作できるようになる段階のことであって、大人たちが日々使っている思考ができるようになる段階です。当然ながら、すぐに大人たちと同じような思考ができるわけではなく、段階に沿って徐々に発達していきます。

❶ 前操作期の思考の特徴

表象的思考段階のなかの前操作期とは、まだ言語記号の操作が十分に発達していなくて、操作の方法が不十分な時期のことです。特徴として、次の3つの傾向があげられます。

---

①具体的
②映像的
③行為に支配されやすい

これらの原因として、次の4つが考えられています。1つ目は、概念が不安定なことです。特定のものを示す概念に、不正確で雑多なものが含まれていたり特殊なものだけを指し示したりします。たとえば、「イヌ」という概念が、「犬」だけでなく「動物すべて」が含まれていたり、「柴犬」だけを「イヌ」としたりするなどがあります。2つ目は、特異な個人的経験に基づくためです。つまり自分の知っていることだけがもとになってい

るなどです。3つ目は、シンボルと指示物が混同されやすいことです。外観が変わるとそのもの自体も変わった、つまり、見た目の感じによって中身も変わったと考えることです。たとえば、母親が髪を切って、見た目が変わると母親ではないと泣いたりすることなどがあげられます。4つ目は、関係概念*がまだ十分でないため、すべてが属性概念*に帰せられることです。自分の立場や視点を変えることができないので、すべてを自分との属性だけで考えてしまうのです。

❷ 前概念的思考の特徴

　前概念的思考は2歳から4歳頃までで、幼児期前期は全部含まれ、幼児期後期の最初期までの時期の認知になります。具体的なものだけでなく、その代わりとなる象徴・記号・言語などが使えるようになる時期の思考・認知です。この時期になると、記憶や推理が可能になってくるので、あるものを説明するのに写真や絵などの道具を使ったり、ままごと遊びなどができたりするようになります。

　2歳を過ぎた頃から、具体的な事物を介さないで心のなかでものを思い浮かべたり再構成したりすることができるようになってきます。これは、言葉を覚え始めることや絵本を読み始めるようになることと深く関係しています。そして、「実際に目の前にある事物」と「その事物が表そうとする何物か」とが分離するようになってきます。心理学では目の前にある事物を「所記」または「記号内容」「意味されるもの」と呼び、表される何物かを「能記」または「記号表現」「意味するもの」と呼びます。

　たとえば、「泥を丸めたもの（泥団子）」を「おまんじゅう」として遊んでいる場合、「泥団子」は「所記（記号内容）」であり、「意味されるもの」になります。そして、「おまんじゅうが能記（記号表現）」であり、「意味するもの」になります。そこで、「泥団子」を「おまんじゅう」と言って相手に渡し、もらった側は「ありがとう、モグモグ、あーおいしかった」というような、食べる「ふり」ができるようになります。もし、「所記」と「能記」がわかっていなければ、泥団子を実際に食べてしまうということが起こってしまいます。このように「所記」と「能記」が別個に使えるようになることを「象徴作用」といい、この時期に完成されます。「象徴作用」を示す行動としては、「延滞模倣」と「見立て遊び（ごっこ遊び）」があげられます。

　延滞模倣とは、以前に行ったことを模倣する（まねする）ことで自分の体験・経験などを再現し、表現することができるようになることです。

　見立て遊びとは、自分の体験・経験を再現して遊ぶことで、ままごと遊びなどのごっこ遊びも見立て遊びの一つです。見立て遊びが成立するには延滞模倣ができることが条件であり、子どもの記憶や観察する力などが発達していなくてはなりません。ままごとでは、お母さんの役やお父さんの役を子どもたちが行うわけですが、お母さんやお父さんが何をするのかを理解していることが必要となるので、ままごとができるということは、子どもたちの認知能力が発達しているということを表します。

---

8 コマ目　認知の発達 2

📝 重要語句

関係概念

→2つ以上のものごとが互いに関わり合うことや、人と人との間柄についての理解。

属性概念

→ある事物に属する性質や特徴についての理解。「ぼくのママ」と「Aくんのママ」の関係性を例とすると、この時期の幼児は、「ぼく」と「Aくん」の関係、「ぼく」と「（ぼくの）ママ」の関係、さらに「Aくん」と「（ぼくの）ママ」の関係についてはある程度わかっているけれど、「ママ」は、「（ぼくの）ママ」だけを指し、「Aくんのママ」はあくまでも【Aくんのママ】というひとかたまりの属性として理解している。そのため、Aくんが、自分の母親を「ママ」と呼ぶことを間違っているととらえ、「Aくんのママ」と呼ばせようとする、というようなことが生じる。

2 基本的生活習慣の確立

　幼児期前期は運動機能や認知機能の発達が著しく、好奇心や意欲が現れてくるようになり、さらに、言葉の獲得と同時に言葉の理解が進むようになる時期なので、日常生活のなかで基本的生活習慣を確立するのにふさわしい時期でもあります。基本的生活習慣とは、「食事」「排泄」「睡眠」「着脱衣」「清潔」の行動習慣のことです。以下に、それぞれについて説明していきます。

❶ 食事

　食事の習慣の自立は、手指の運動の発達に沿って進んでいきます。2歳頃になるとほとんどの子どもが自分で食べられるようになりますが、食べこぼしたり食器をひっくり返したりしてまだ目を離すことができません。しかし、自分で食べたいという気持ちをくみ取り見守ることが必要になります。2歳6か月頃になるとスプーンと茶碗をもって食べることができるようになり、3歳頃になると箸を使って食べることができるようになります。

❷ 排泄

　2歳頃になると便意を予告できるようになるので、昼間のおむつは不要になります。失敗することを怖がらせることなく、成功体験を経験させて、有能感をもたせることが大切になります。

❸ 睡眠

　深い睡眠の間に成長ホルモンが分泌されることから、成長過程の子どもにとっては大きな意味があります。10 〜 12時間程度の睡眠を心がけ、子どもの生活リズムに大人が合わせていくことが大切になります。

❹ 着脱衣

　2歳を過ぎた頃から一人で洋服を脱ごうとするようになります。2歳6か月頃になると自分で着ようとし、靴も履けるようになります。食事と同じように、自分で着ようとする気持ちを汲み取り、見守ることが大切になります。

❺ 清潔

　清潔は、自主的に楽しめる活動と結びつけて行う工夫が必要となります。食事の前後、外出したあとの帰宅時、外で遊んで帰ってきたときなど、ほかの行為と関連づけて習慣化させるとよいでしょう。2歳6か月頃には手を自分で洗うことができ、3歳頃になると顔を拭くことができるようになります。

2 幼児期後期の認知発達

　幼児期後期は3歳頃から6歳頃までの就学前の期間であり、身体・運動の力の発達が著しく、それにともなって認知機能の発達も著しく発達していく時期です。これまでに体験・経験したことを踏まえ、さらに言語能

力の発達も著しく、より高度な活動が行われていく時期でもあります。幼児期の前操作期から児童期の具体的操作期へと認知の発達が進んでいく時期です。

1　ピアジェによる段階

ピアジェの発達区分では、幼児期後期は、「前操作期」のなかの前概念的思考期から直観的思考期へと段階が進んでいく時期です。幼児期後期の最初期はまだ前概念的思考期ですが、4歳頃から直観的思考期へと移行し、児童期の初期である7歳頃までこの段階が続いていきます。

この時期の認知機能は具体的・映像的で、行為に影響を受けやすい面が強いという前操作期の特徴があります。特に知覚の影響を受けやすいという特徴があり、「見た感じ」「聞こえた感じ」「触った感じ」などに大きく認知が影響されます。この特徴は、ピアジェの行ったいくつかの実験によく現れています。ここでは、液量保存の実験と空間理解の実験を取り上げ説明します。

❶ 液量保存の実験

図表8-1に示すようなコップを用意します。AとBは同じで、CはA、Bよりも細長いコップです。まず、AとBに同量の飲み物を入れ、そのあとBの飲み物をCに移します。そして子どもに「AとC、どちらが多いかな？」と尋ねます。

●図表8-1　液量保存実験

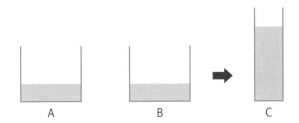

その結果、ほとんどの子どもが「Cのほうが多い」と答えます。「なぜ？」と尋ねると、ほとんどの子どもが「Cのほうが水かさが高いから」と答えます。確かに見た目では、水かさが高くなっているのでCのほうが多いように見えます。つまり、「見た感じ」によって判断しているのです。ところが、操作を含めてよく考えてみると、BをCに移しているのですから、AとCは同じ量のはずです。

児童期の具体的操作期に入るとこのような関係性がわかり、その操作をすることが可能になるため、AとCは同量であると答えられるようになります。そこには、**可逆操作***と**相補関係***の理解および論理的展開の方法などが関わっているのです。

❷ 空間理解の実験

これは「3つ山問題」ともいわれ、幼児期の自己中心性を表している実

> **📝 語句説明**
>
> **可逆操作**
> →ある対象がAからBに変化したあと、BからAに戻す操作のことをいう。
>
> **相補関係**
> →互いの不足を補う関係のこと。「長い」と「短い」、「高い」と「低い」、「多い」と「少ない」などがある。

● 図表8-2　3つ山問題

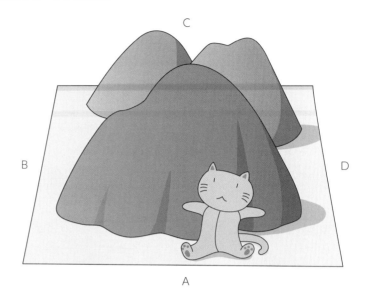

験です。自己中心性は前概念的思考の特徴でもあります。

　図表8-2に示すように、3つの山が配置された模型を準備し、子どもた
ちにその模型の周囲から山をよく観察させます。そして、Aの地点にいる
猫のぬいぐるみは、この模型をどのように見ているかを尋ねます。その後、
猫のぬいぐるみがB地点にいるとき、C地点にいるとき、D地点にいると
き、それぞれの地点でどう見ているかを尋ねました。

　その結果、直観的思考期の子どもはすべて正しく答えられませんでした。
ピアジェの実験には少々難しい点がありましたので、筆者たちは、今度は
図表8-3に示すように、テーブル上に丸・三角・四角の積み木を置いて
簡略化した実験を行いました。テーブルのA側に子どもを座らせ、反対側
のBにクマのぬいぐるみを置いて、ぬいぐるみが、テーブルの積み木をど
のように見ているのか並べ替えさせたのです。

● 図表8-3　空間理解実験の刺激配置

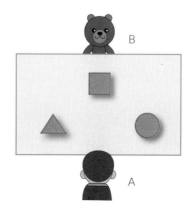

● 図表8-4　空間理解実験の解答例1

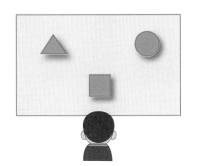

● 図表8-5　空間理解実験の解答例2

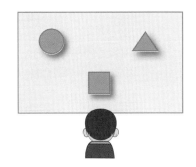

　すると、ほとんどの子どもは、図表8-4のように並べました。5〜6歳くらいになると、図表8-5のように並べられるようになりますが、それでも正解には至りません。

　つまり、簡略化してもピアジェの実験と同様の結果であったのです。なぜ正解に至らないのでしょうか。それは、この時期の子どもは、自分の知覚に認知思考が混乱させられているからだと考えられます。「見る場所が変わる」という視点の変更や、立場が変わるとものがどう見えるかということが理解できていないのです。

❸「自己中心的な認知」のとらえ方

　以上の2つの実験結果から言えることは、直観的思考期の特徴は、「すべてが自分の知覚に影響される」「自分の立場でしかものごとの判断ができない」ということです。つまり「自己中心的な認知」が幼児期の認知の大きな特徴なのです。

　しかし、これはあくまでも発達途上である幼児期のことであって、よし悪しの問題ではありません。発達的にその時期としては適正な見方をしているだけなのです。また、ものごとを判断したりする場合、まず自分を中心に考えるのは当たり前のことで、そこに問題があるわけではありません。さらに他者ならどう考えるのかという、視点の変更を加えられるかどうかというだけの問題なのです。

　ここまでで学んできたとおり、子どもたちは自己中心的な認知を行いますが、それだけをとおしていては他者との関係がうまくいかなくなってくるのは当然のことです。そこで、集団のなかで、他者との関係を経験することで自分をどのように出していけばいいかということを知るようになります。自己を主張する場面や自己を抑制する場面を経験するようになるのです。このような経験が「脱中心化」であり、それによってしだいに他者の立場や視点でものごとを考えられるようになってきます。ここに「遊び」などの身体的活動や運動が大きく関わってくるのです。

2　プレマックとウッドラフによる「心の理論」

　幼児期の認知の特徴である自己中心性は、他者との関わり合いによって脱中心化されることによりしだいに少なくなっていきます。他人の気持ち

を推し量ることができるようになってくると、社会性の発達とともに他者への理解が深まってきます。そのようなことができるようになるに従い、「心の理論」を子どもたちが獲得していくと考えられます。

「心の理論」とは、アメリカの霊長類学者のプレマックとウッドラフがチンパンジーの行動観察で、「**あざむき行動***」を発見し報告したもので、「人にはそれぞれ心があり、　人ひとりが別個に考えたり感じたりしているということを理解できる」という考え方です。つまり、心の理論がわかっているということは、「人はそれぞれの心に従って行動している」ことを知っているということになります。したがって、心の理論を獲得できれば、他者の行動を予測したり説明したりできるということになります。

子どもが、心の理論を獲得しているかどうかを知るための代表的な課題が、誤信念課題です。これは、他者が事実と違う思い込み（誤信念）に基づいて行動することを予測できるかどうかを調べる課題です。図表 8-6 に、

重要語句

あざむき行動
→事実とは異なる情報を伝える行動。

●図表 8-6　サリーとアンの課題

誤信念課題の一つである「サリーとアンの課題」を示します。

　この課題を正解するためには、答える子どもが、自分が知っていることとサリーが知っていることを区別できること、さらに、自分をサリーの立場においてサリーの行動を予測する必要があります。この課題の正答が可能になるのは4～5歳頃からといわれています。自己認識や自己統制の発達にともない、心の理論の発達も促されると思われます。それに関連するものとして、指差し、手差し*などによる「共同注意」や「ふり遊び*」などが考えられています。

お さ ら い テ ス ト

❶ 幼児期前期の認知は、[　　　]で[　　　]で行為に支配されやすいという特徴がある。

❷ 認知発達にともない、[　　　]を身につけることができる。

❸ 幼児期後期になると認知機能が著しく発達するが、まだ[　　　]な認知は残っている。

8コマ目　認知の発達2

🖊重要語句

指差し、手差し

→指差しは、指を使って何ものかを指し示すこと。手差しは、手を使って何ものかを指し示すこと。

ふり遊び

→人のふるまいやものの動きなどのまねをして遊ぶことで、「見立て遊び」や「ごっこ遊び」と同じように「象徴的遊び」と呼ばれる。

ディスカッション①

　幼児期後期の認知的な発達を示す行動をいくつかあげて、それぞれの行動を子どもたちがどのようにしているのかを記録し、話し合ってみましょう。

演習課題 ✏

ディスカッション②

　「心の理論」を確認できる行動が、子どもたちのふだんの行動のなかに見られるかどうか、記録して話し合ってみましょう。

言語の発達とコミュニケーション1

今日のポイント

1 乳幼児の発声や言葉の変化に気づくことが大切である。

2 乳幼児とのやり取りは、非言語コミュニケーションを積み重ねることが大切である。

3 保育者の応答的対応は、愛着・言葉・記憶を育てる。

1 前言語期の発声の変化

乳児は生まれた直後から感覚機能が発達しており、微細な音の違いを聞き分けることや、近くの対象を凝視することができます。そして1歳前後になるまで、泣く、笑う、指差しなどの非言語コミュニケーションにより養育者に対し情動（➡5コマ目を参照）を伝達します。それに対し保育者は、乳児の快と不快に共感したり、泣き声、表情、身振り、興味の対象などを手がかりに気持ちを理解し、心の交流を図っていきます。この時期の特定の保育者の応答的な関わりを通じて愛着が形成され、のちの言語の発達に大きな影響を与えることになります。

1 クーイングから喃語へ（誕生、生後2か月頃から）

新生児は、自分の不快を泣くことで周囲に伝えます。この泣きを「叫喚」といいます。また、しゃっくりやげっぷ、「クー」というつまるような音も発します。乳児が泣いて訴えることに対し、保育者が、「おむつが濡れて気持ちが悪いね」「おなかがすいちゃったね」などと声をかけることで不安をしずめ、欲求が満たされるとしだいに安心感をもてるようになります。

生後2か月頃になると、機嫌のよいときに「アー」「ウー」と喉の奥で鳴るような発声をします。これを鳩の鳴き声に似ていることからクーイング（cooing）といいます。

生後5か月頃になると表情がさらに豊かになり、過渡的喃語といわれる「子音＋母音」の構造の不明瞭な喃語を発声するようになります。

2 基準喃語（反復喃語）（生後6か月頃から）

6か月頃になると発声がはっきりとし、基準喃語と呼ばれる複数の音節

乳幼児の言葉の研究をするスタークによれば、前言語期は初語が出るまでを指します。

をもつ、「子音＋母音」の構造の喃語が現れます。組み合わせた音節を「バ
バババ」「ダッダッダッ」などと連続して発する特徴があるため、反復喃
語とも呼ばれます。保育者が乳児の発する声や動きを受け止め、「そうな
んだ」「楽しいね」などと答えることは、乳児のさらなる言葉の発達を促
します。

3　非反復喃語、音声模倣（生後9か月頃から）

9か月頃になると指で何かを指し示し、他者に伝えようとする指差し行
動が見られるようになります。指差したものを他者に見せたいという気持
ちには、乳児（自分）と保育者と見せたいものの三項関係が存在します。
このように、自分と他者で同じ対象に目を向け共有することを、共同注意
といいます。

たとえば、乳児が飛行機を見つけて保育者に指差しで教えたときに、保
育者は、乳児の伝えたいことを同じ目線で受け止めて「飛行機が飛んで
いるね」などと伝え返すことが大切です（図表9-1）。また、あるときは、
保育者が見ているものに乳児が注意を向けることもあるでしょう。これは
乳児が相手の見ているものに興味をもち、相手の意図を理解するという力
につながります。共同注意は、言葉の発達だけでなく、コミュニケーショ
ンの発達に重要な意味があり、発達の一つの指標になります。

この頃は、母音、子音＋母音、子音＋母音＋子音などの複数の音節を組
み合わせて一つの音声として発声するようになります。「バブ」「アバ」と
いった違う音節からなる喃語を非反復喃語といい、その出現により反復喃
語が崩壊していきます。まるでおしゃべりのように聞こえるこの時期の発
声は、ジャルゴン*と呼ばれ、その後、音声模倣*に進んでいきます。

10か月頃になると、「ちょうだい」「どうぞ」のやりとりができるよう
になってきます。たとえば、乳児がおもちゃで遊んでいるときに、「ちょ
うだい」と伝えるとおもちゃを渡してくれたり、お菓子を食べているとき
に「ちょうだい」と口を開けて待っているとお菓子を口に入れてくれたり
することなどは、三項関係が成立していることを意味しています。

● 図表9-1　共同注意

動画 9-1
しゃっくり（生後2日）

動画 9-2
叫喚（生後7日）

動画 9-3
クーイング（3か月）

動画 9-4
過渡的喃語（7か月）

動画 9-5
反復喃語（7か月）

動画 9-6
非反復言語（8か月）

9
コマ目

言語の発達とコミュニケーション1

プラスワン

二項関係
三項関係に発達する
前段階には、「乳児―
養育者」「乳児―おも
ちゃ（もの）」の二者の
関係が存在する。これ
を二項関係という。

保育者が、ミルクをあげるときやおもちゃを渡すときに意識的に「どうぞ」と伝えることで、乳児の周囲に対する理解が始まっていきます。首を振って「イヤイヤ」をしたり、「バイバイ」や「バンザイ」などの身振りができるようになります。

1 初語（生後9か月頃から）

生後1歳前後には、周囲の大人に話しかけられると模倣をするようになります。はじめは発音が不明瞭で、意味もわからず発声していますが、しだいに聞き慣れてはっきりとした発音で有意味語として発話できるようになります。これを初語*といいます。

2 活発化する言語活動（幼児期初期）

1 話し言葉の発達

❶ 一語文

初語が話せるようになると、それに続いて一つの有意味語で相手とコミュニケーションがとれるようになります。この発話を一語文・一語発話と呼びます。たとえば、「マンマ（食べ物）」「ワンワン（犬）」「ブーブー（自動車）」などの一つの言葉ですが、たいてい一語で「マンマが欲しい」という欲求が含まれていたり、「ワンワンがいた」など存在が含まれていたりとさまざまな意味が含まれており、発話された状況から文構造を判断する必要があります（図表9-2）。

●図表9-2　一語文が表現するもの

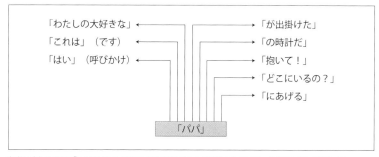

出典：村田孝次「言語発達」藤永保編『児童心理学』有斐閣、1973年、292頁

❷ 二語文から多語文へ

動画9-12は、1歳9か月の子どもが猫を見つけて、とっさに「ニャーニャ、いた」と言っている場面です。

このように2歳頃になると、2つの言葉をつなげた表現ができるようになり、子どもが表現したいことが相手にわかりやすくなります。これを二語文・二語発話といいます。

重要語句

ジャルゴン（jargon）

→本来「わけのわからない言葉」という意味で用いられ、失語症患者が流暢に話すわけのわからない発話をいう。そこから転じて喃語期を過ぎた言語発達過程において、子どもが親や保育者に話しかけるような発声のことをいう。

音声模倣

→周囲の人が発する音声をまねることをいう。

初語

→一番はじめに話す一言の言葉ではなく、早期に獲得される50語ぐらいのことを指す。

動画 9-7
音声模倣①（1歳10か月）

「かなちゃん…あっ開いた」

動画 9-8
音声模倣②（1歳11か月）

「みかん　うごいちゃうよ」

動画 9-9
初語（1歳1か月）

心理学者・言語学者のスロービンによれば、二語文の構造は、①場所を示す・命令する（ココ　オウチ）、②要求を表す（アメ　チョーダイ、オンモ　イク）、③否定する（ネンネ　ナイ、オチッコ　ナイ）、④出来事または事態を述べる（ブーブー　イッタ、パパ　ガッコー）、⑤所有を示す（ユーチャン　ママ）、⑥修飾または限定を示す（コワイ　ワンワン）、⑦疑問・質問（ドコ　アル、ナニ　コレ）の7種類があります。

3歳児になるとさらに助詞や接続詞を使い、三語文（〜が〜を〜する）・多語文が話せるようになります（例：ママ、オウチ　カエルなど）。幼児は、はじめは格助詞の使い方が間違っていることが多く、たとえば「チガデタ」→「チガガデタ」、「カニササレタ」→「カニニササレタ」など血や蚊などの一拍名詞に格助詞を名詞のように付け足してしまったり、「パパノ　クツ」のように名詞に「ノ」をつけた決まりを形容詞に当てはめ、「アカイノ　クツ」としたり、「アメガ　ホシイ」を「アメガ　チョウダイ」のように使い方を間違えたり、動詞を5段活用させて「ネナイ」を「ネラナイ」とするなど、幼児ならではの誤用がみられます。

2　語彙の爆発的増加期

初語の出現から1歳半くらいまでは目立った語彙の増加はみられませんが、1歳半を過ぎる頃から日ごとに言葉を覚え、語彙数が急激に増加します（図表9-3）。これを語彙爆発といいます。

子どもの語彙数の目安は、2歳で200〜300語、3歳で約1,000語、4歳で約1,500語前後、5歳で約2,000語、児童期の始まりで約5,000語前後であるといわれています。平均的な大人の語彙数は約5万語とされており、児童期中期から後期にかけて、大人の語彙数の約半分の語彙数に達します。

幼児前期には日々新しい言葉を覚え、周囲とのやり取りが活発になります。幼児独特の世界観から動物を擬人化してとらえて話しかけたり（動画9-13）、歌をうたうときも、聞いたことをまねしたりします。しかし、よ

●図表9-3　1人の乳児の観察に基づく産出語数の増加パターン

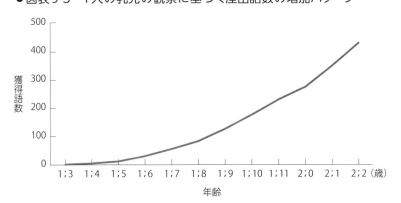

出典：小林晴美「語彙の発達」大津由紀雄編著『認知心理学3　言語』東京大学出版会、1995年、65-79頁

動画 9-10
一語文（1歳8か月）

「まつぼっくり」

動画 9-11
二語文①（1歳6か月）

「救急車、行っちゃった」

動画 9-12
二語文②（1歳9か月）

「ニャーニャ、いた」

9コマ目　言語の発達とコミュニケーション1

語彙数は、言語環境にも大きく左右され、個人差が見られるほか、一時的にしか使われていない言語も存在することから、あくまでも参考の数です。

動画 9-13
擬人化 鳥（2歳5か月）

歌唱の発達については、106頁のミニコラムも参照しましょう。

語句説明

語結合

→文法的な結びつきにより、2つ以上の自立語が結びついた言葉。

統語段階

→自然言語において文が構成されること。

カテゴライズ

→区分する、大別すること。

重要語句

平均発話長

→話し言葉における一つの発話の平均的な長さをいう。意味をもつ最小の言語単位である形態素や語の数の平均で示される。

く聞いてみると、歌詞が不明瞭な場合や意味をとらえていない場合もあります。

3 保育者の関わり

1 言葉の発達初期の個人差を知る

言葉の発達初期は個人差がみられ、たとえば初語が現れる時期が生後10か月前後と早い子どももいれば、1歳半くらいになってもまだ出現しない子どももいます。

アメリカの発達心理学者のネルソンは、子どもの初期発達に2つのパターンを見出しました。子どもがはじめに獲得した50語の大半が、①ものの名称である「指示型」、②ものの名称が少なく人の名前や動作語（たとえば「ネンネ」など）が多い「表現型」です。

「指示型」は、50語近くで語彙の急増がみられ、その後、語結合*が現れるのに対して、「表現型」は、統語段階*への移行が不明瞭で、語彙の急増の特徴がみられません。

これについてネルソンは、言語使用の仮説から、「指示型」は事物について話したり、カテゴライズ*したりするために言語を獲得していき、「表現型」は社会的な関心が強く、言葉を自分自身や他者について話す手段としていると説明しました。

その後の24か月から30か月時点の追跡調査により、平均発話長*の増大にともなって、「指示型」は、名詞の減少と代名詞の増加がみられるのに対し、「表現型」は、代名詞の使用は変化せず、名詞の使用が増加していくことを示しました。

以上からわかるように、保育者は、言葉の発達の道筋も子どもの個性ととらえ、急いだり無理に教え込んだりせず、また言葉が流暢だからといって、その他の力量を実際よりも高く評価しないよう、注意が必要です。

2 応答的対応

❶ 言語発達を促す関わり

言語発達には環境条件が大きく影響を及ぼします。言語刺激や応答の多い環境は早期の言語発達を促し、刺激の少ない環境は遅らせます。

誕生後、自分の気持ちを泣いて伝えるという手段しかもっていない乳児に、保育者が、「おなかがすいたね」「おむつが濡れて気持ちが悪いね」「ねむいね」などと声をかけたり、幼児期では、「悲しくなっちゃったね」「くやしいね」「うれしいね」と応答的に言葉をかけることは、子どもの心のなかに漠然と存在する気持ちの一つひとつに感情や欲求の意味づけをすることであり、それらが受け入れられることで人への信頼とコミュニケーションの大きな力となります。

また、心理学者の三宅和夫が、「押しつけ的に関わる母親」の子どもは

相対的に言語能力や知的発達において劣る傾向がみられることを報告しているように、保育者の指示や命令、統制、制限を示す働きかけは子どもの自己決定の力を阻害するとともに、積極的に話す場をなくしてしまいます。そこには子どもがみずから判断し結果を受け入れて、自信としていくべき環境が必要なのです。

　子どもが必要なときに、保育者がタイミングよく働きかけたり応答したりすることが子どもの言語発達に効果的な影響を及ぼすポイントになります。

❷ 子ども同士のコミュニケーションの仲介者

　たとえば子ども同士だと、言葉では十分に想いを伝えられないために、叩く、嚙む、おもちゃを取るなどの行動が言葉よりも先になってしまうことがあります。そこで保育者は、両方の気持ちをていねいに聞き出して一緒に考えたり、気持ちを代弁したりすることになります。「Aちゃんはこのおもちゃで遊びたかったんだね。そんなときは、どうすればいいのかな？」「Cちゃんが（気づかないで）Bちゃんの手を踏んだから、Cちゃんを叩いたんだね。そんなときは、叩くのではなくて、何て言えばいいのかな？」と、両者の気持ちを大切にくみ取り、うまく言語化できない言葉を引き出したりともに考えたりと、仲介者としての役割を果たします。その際に保育者が相手の立場に立って気持ちを推し量ったり、素直に保育者自身の思いを述べるなどの態度は、子どもにとってモデリングの対象にもなります。

効果的なタイミングを学ぶために実習記録をつけたりします。

モデリングについては、12コマ目を参照しましょう。

9コマ目　言語の発達とコミュニケーション1

おさらいテスト

❶ 乳幼児の発声や［　　　　］の変化に気づくことが大切である。
❷ 乳幼児とのやり取りは、［　　　　］を積み重ねることが大切である。
❸ 保育者の応答的対応は、［　　　　］・言葉・［　　　　　］を育てる。

【動画で見る発達】歌唱の発達

　下の動画は、幼児が歌をうたっている場面です。聞こえてくる歌をまねして歌っていることから、歌詞が不明瞭だったり歌い間違えがあったりします。歌詞の内容を理解することが難しく、歌えている場合でも、絵本や映像など視覚を手がかりに内容を理解しています。

　歌詞の意味がわかってくると、視覚に頼らなくても自身のイメージを広げることができます。

11 か月	「だるまさん」	動画 9-14
2 歳 5 か月	「ハッピーバースデー」	動画 9-15
4 歳 3 か月	「ハッピーバースデー、(お兄ちゃんが) 消しちゃダメ」	動画 9-16

演習課題 ✏

調べてみよう

- -

演習テーマ 1 初語について聞いてみよう

　あなたの幼い頃を知っている人に、あなたが乳児のときにどのような言葉を話していたのかを聞いて、メモしてみましょう。

```
[


]
```

演習テーマ 2 実習を振り返ろう

実習を振り返り、子どもの言葉の発達に注目してまとめてみましょう。

```
[


]
```

ロールプレイをしてみよう

- -

　下の事例を読み、保育者としてトラブルの仲裁をするとしたら、あなたはどのように声をかけますか。また、グループで役割を決めロールプレイをしてみましょう。

事例　　**主張のぶつかり合い**

　Kくん（4歳、男児）とFくん（4歳、男児）が砂場でけんかをしていると、年長児が伝えにきました。砂場に行ってみるとFくんは体じゅう砂だらけで泣いています。「Kくんがかけたんだよ」と見ていたSちゃん（5歳、女児）が言うと、「オレの山、壊すからじゃん」とその声に浴びせるようにKくんが言います。Fくんは、「知らない。壊してない。水をくみに行こうと思っただけ」と言っています。

①どのような言葉かけをしますか。

②ロールプレイをしてみましょう。

1）　4人でグループをつくります（Kくん役、Fくん役、Sちゃん〔年長児〕役、保育者役）。

2）　Kくん役とFくん役、Sちゃん（年長児役）で事例の様子を再現し、保育者役は①の課題で書いたセリフを言ってみましょう。

3）　それぞれの役の気持ちを伝え合ってみて、保育者の発言について振り返ってみましょう。4人でそれぞれ役を交代しながら行ってみましょう。

演習課題 ✏

動画を見て考えよう

- -

　下の動画を見て、以下の問いについて考えてみましょう。

①動画 9-12　二語文②（1 歳 9 か月）（103 頁）には、続きがあります。

動画▶ 9-12 二語文②	動画▶ 9-17 二語文②続きその 1	動画▶ 9-18 二語文②続きその 2
[QRコード]	[QRコード]	[QRコード]

　上の 3 つの動画のなかでは子どもが「ニャーニャ」と同じ言葉を言っていますが、子どもが言いたいことや伝えたいことが異なっているようです。あなたはどのようにとらえましたか。

9-12：

9-17：

9-18：

②動画に対し、あなたが保育者だったら、どのような対応をしますか。

9-12：

9-17：

9-18：

10 コマ目

言語の発達とコミュニケーション2

今日のポイント

1 言葉は外界とのコミュニケーションの道具である。

2 言葉をとおし内界と関わり、理解力と考える力を育てる。

3 言葉の習得期だからこそ、言葉遊びが面白い。

1 広がる世界と幼児期の言語活動 （3～6歳）

1 伝え合う遊び

　生後18か月以降の子どもは、目の前にないものを思い浮かべることができるようになります。これを表象機能の獲得といいます。この「思い浮かべる」ということを基盤として延滞模倣*が芽生えてきます。

　たとえば、1歳半の子どもが、胸の前で両手をグーにして突然ポーズをとり始めました。一日に何度も見られることもあります。「どうしたのかな。何のポーズなのかな？」と考えていると、ある本を目にしたときだけ行うことがわかりました。本の内容を確認すると、絵本の主人公のうさぎが同じポーズをとっています。子どもは、絵本を読んでもらったときに出てきたうさぎの絵を覚えてまねをしていたのです。また、2歳の子どもの例では、稲刈りをしているときに腰を「とんとん」と叩く祖父を見て、少し時間が経っても「じーちゃん」と言いながら自分の腰を曲げ、「とんとん」と叩く姿を模倣します。このように、印象に残った姿を思い浮かべることができるようになり、あとでまねをして再生することを延滞模倣といいます。

　さらに象徴機能*の発達により、3歳頃では、頭のなかにイメージをつくり上げたり言葉を使ったりしながら実物と離れてほかのものに置き換えて表現することができるようになります。たとえば、プリン型で抜かれた砂をプリン（見立てるもの・象徴物）に見立て、「ムシャ、ムシャ」と食べるふり（ふり行為・象徴行為）をしたり、葉っぱを魚に見立て、泳がせたりという姿はよくみられます。

　他者の役割に興味をもって「ごっこ遊び」を行う姿は、幼児期には性別に関係なく幅広い年齢にみられます。「ごっこ遊び」は仲間同士が言葉の伝え合いによって成立する遊びです。言葉がうまく使えるようになるほど、

> **重要語句**
>
> **延滞模倣**
>
> →観察した行動を時間が経過したあとに再生することをいう。

> **重要語句**
>
> **象徴機能**
>
> →現実にないものごとをほかのものに置き換えて表現する働きをいう。

そのイメージの理解や表現の精度も上がっていきます。

　大人との「ごっこ遊び」において、子どもは自分のイメージの世界を伝え、周囲の大人がそれを理解しようとします。それに対して事例①の5歳児は、双方のイメージをお互いが共有するために相手にわかるように伝え、共通のものを見出したり、共通でなくても相手の伝えることをイメージしたりしながら虚構世界をつくり出して遊んでいるのがわかります。イメージの共有化は、主張し合い、譲り合いなど言葉のやり取りをとおし、内的な想像活動を育てていきます。

事例①	5歳児　イメージを伝え合い共有する

　3人の女児が段ボールでベッドをつくって遊んでいます。
A子：「うちのママは、ここ（枕元に）に携帯を置くよ」
B子：「うちのママもそこに置くよ」
A子：「じゃあ、ここが携帯置き場ね。……そうだ電気つくろう」
B子：「Bちゃんの家も電気あるよ。……じゃあ時計はここに置くね」
A子：「わかった」

　保育の場ではルール遊びを楽しむ様子をよく目にしますが、言葉を使い、ルールを伝え合って遊ぶことができるのはいつ頃からなのでしょうか。

　男児（3歳児）が2人でお互い頬をつかみ合っています。けんかかな？と思い、保育者が2人を引き離すと、その場で一方の子が、「ねぇ、追いかけて」と保育者越しにもう一人の子に伝え、もう一方の子も「いいよ」と答えています。一見、けんかに見えましたが、追いかける子と追いかけられる子という役割をもって遊んでいた（その過程で、頬をつかんでいた）ということがわかりました。これはルール遊びに発展していく前の段階の遊びです。4歳児になるとしだいにルールの意味が理解できるようになり、ルールのある遊びの楽しさがわかるため、忠実にルールを守ろうとします。5歳児になると事例②のように、他者に対してもルールを説明できるようになります。いかにわかりやすく全員でルールを共有できるかを考えながら話したり、説明が不足していると考えたときには別の子どもが説明を補ったりします。ときには相手によって柔軟にルールを変えて楽しんだりします。

事例②	5歳児　他者にわかりやすくルールを伝える

　5歳児の鬼ごっこに、保育者と3歳児Mちゃんが参加したときの様子です。
保育者・Mちゃん：「入れて」
5歳児A男・B子：「うん、いいよ」
保育者：「どうすればいいの？」
A男：「じゃあ、オレが鬼だとして、つかまえたら、つかまった人が鬼になるんだよ」
B子：「それでね、10秒数えて、触りにいくの」
A男：「でもさ、Mちゃんは、つかまっても数えなくていいよね」

ピアジェとヴィゴツ
キーの考え方の違
いに注目してみま
しょう。

動画 10-1
ひとりごと（2歳2か月）

2 「伝える」「考える」道具としての言葉

　私たちは、日常生活のなかで「内言」と「外言」という2つの言語活動を行っています。内言とは、音声をともなわない思考のための言語活動のことをいいます。外言とは、音声をともなうコミュニケーションのための言語活動のことをいいます。では、このことについてくわしくみていきましょう。

　動画 10-1 の幼児は、ときどきひとりごとを言いながら遊んでいます。このようなひとりごとをピアジェは、他人とコミュニケーションをとるための言語ではないという特徴から、自己中心的言語と呼びました。ピアジェは、まず子どもは内言（ひとりごと）を用いて思考できるようになり、自己中心性が減少してくるにつれ、コミュニケーション機能を備えた発話である外言が増えていくと考えました。

　一方で、ヴィゴツキーは、もともと言葉は社会的な側面をもっている外言であると考えました。そして私たちがふだん行っているような、考えるための道具として発言せずに心のなかで用いられる言語のことを内言と呼びました。つまり、子どもは考えてから言葉を発するのではなく、言葉を使ってコミュニケーションをとるうちに外言が獲得され、それを内在化させ内言として使えるようになるという考え方です。

　ちなみに、3～4歳児は、この内言をうまく使うことができずに考える際に言葉を発してしまうことがありますが、4歳以降になると徐々に内言をうまく使い、言葉を心のなかで用いて思考の補助とすることが可能になります。

3 言葉の理解

　2歳半頃になると、概念を表す言葉、たとえば色の名前や、「同じ（もの）」などの意味が理解できるようになります。また、「大きい↔小さい」「長い↔短い」「高い↔低い」「太い↔細い」「多い↔少ない」など、比較判断の言葉も徐々に理解していきます。

　また、2歳前後は、「食べる」「見る」など限られた動詞を使いますが、3歳になるとさらに、「話す」「聞く」「つくる」「壊す」「遊ぶ」「座る」「走る」「跳ぶ」「投げる」なども遊びのなかからの経験で理解し使い分けることができるようになり、ものの用途について説明するなど言語活動が一層活発になってきます。

2 耳から聞く言葉、目で見る言葉

1 幼児音

　母国語を使用するために必要な音韻体系を使い分ける力は3歳頃までに獲得されていきますが、舌がうまく使えない、音を聞き分けることができない、発音に関わる器官や音を使い分ける力が弱いなどの調音能力の未

● 図表10-1　幼児音の類型

1	音の転置	コドモ→コモド	カラダ→カダラ
2	母音の変化	タバコ→タボコ	カエル→カイル
		エンピツ→エンペツ	
3	子音の変化	トモダチ→トモラチ	イツツ→イチュチュ
		サカナ→チャカナ	レーゾーコ→レージョーコ
4	子音の脱落	ハナ→アナ	ユービン→ウービン
		コレ→コエ	
5	音の脱落	テレビ→テビ	ヒコーキ→コーキ
		ペンギン→ペンギ	

出典：塚田紘一『児童心理学（新訂）』明星大学出版局、1987年、149頁

動画 10-2
幼児音（4歳0か月）

カ行　キ→チ

動画 10-3
音の転換（4歳2か月）

「かみなりさま、かみなりさな」

熟さから、幼児独特の調音上の乱れが生じることがあります。これを幼児音といいます。

　カ行、サ行、タ行、ラ行などがうまく発音できない場合や、音の転置、母音の変化、子音の変化や脱落、音の脱落などがあります（図表10-1）。

2　言葉遊び

❶ 音韻的意識の芽生え

　年中組（4歳児クラス）の子どもたちは、自分の名札を指差しながら自分の名前を逆さに言って遊んだり（「逆さ言葉」）、「とまと」「しんぶんし」など、上から読んでも下から読んでも同じ「回文」を楽しんだりする姿がよくみられるようになります。これは、一つの言葉がいくつかの平仮名に置き換えられることを知っていて、それを分解できるからこそ可能になる遊びです。音韻的意識＊が芽生え、音節分解＊と音韻抽出＊ができるようになったといえます。

　たとえば、"パイナップル・グリコ・チョコレート"のじゃんけん遊びで説明するならば、「パイナップル」は、パ・イ・ナ・ツ・プ・ルの6つの音節ととらえ「パー」で勝った場合に6歩前に進むことができ、同様に「グリコ」は「グー」で勝ったときに3歩、「チョコレート」は「チョキ」で勝った場合に6歩と、じゃんけんに勝った状況によって、声に出して文字を言い（数え）ながら歩いていきます。

　これができると音韻分解が可能であるということを示していますし、"しりとり"で「ゴリラのラ」と一つの文字を抽出することができるのも、音節分解と音韻抽出が可能であるからといえます。

❷ 言葉の意味と概念の理解

　子どもは、ものの名前を覚え意味を理解すると「つながり言葉」が、また、対義語を理解できると「反対言葉」が、遊びのなかにみられるようになります。たとえば、「大きな栗の木の下で…」を「小さな栗の木の下で…」と歌ったり、「小さな庭」の手遊びに小さな種、中くらいの種、大きな種がでてくるのを喜んで歌ったりします。

　また、「あめ（雨）」と「あめ（飴）」、「くも（雲）」と「くも（蜘蛛）」

皆さんも回文を探してみましょう。

「もも」「こねこ」
「たけやぶやけた」
「タイがいた」
「ダンスがすんだ」

10 コマ目　言語の発達とコミュニケーション 2

📝 重要語句

音韻的意識

→単語を音節に分けることができる、その単語の音節を取り出すことができることをいう。

音節分解、音韻抽出

→たとえば、「ウサギ」という言葉がウ・サ・ギという3音節から成り立っていることがわかることを音節分解といい、そのなかで「ウサギ」の「ギ」など、1部分が抽出できることを、音韻抽出という。

など、同じ音の言葉で違う名詞などにも興味をもち楽しみます。

３ 文字への興味

❶ 文字を読む

　4歳頃の子どもは、自分の名前を読むことができます。さらに、近くにいる友だちの名前を読んだり、床に落ちている帽子を「なんてなまえ？（が書かれているの？）」と届けてくれたりします。つまり、文字を読むことに興味をもっている時期といえます。保育のなかでは少しずつ文字に出会う環境を取り入れ、支援していくことが大切です。

　5歳頃になると、知っている文字の拾い読みができるようになり、就学直前になると、簡単な絵本の音読ができるようになる子もみられます。

❷ 文字を書く

　「じぶんのなまえがかけたよ」と見せてくれるようになるのは、5歳児頃でしょう。保育者に毎朝手紙を書いてきてくれたり、ごっこ遊びでのレストランのメニューを文字で書いて、「どれがいいですか？」と尋ねたり、七夕の短冊に、「じぶんでかいてみたい」と挑戦したりする姿もみられるようになります。幼児の書き言葉の発達には個人差があり（図表10-2）、鏡文字も多く見受けられます。一人ひとりの興味に応じて文字を使ってみたくなるような環境の工夫が大切になります。

４ 読み聞かせ

　絵本は、お話と絵でつくられていますが、絵本をとおして学ぶことは単にそれだけではありません。

　まず、乳児であれば、ページをめくることそのものを喜んだり、場面が変わることに驚きを感じたりしながら遊ぶことでしょう。何度も場面の変化を繰り返し進んだり戻したりする子どもの能動的な行為を、絵本は存分に受け止めてくれます。また、文字だけでなく、絵がお話の世界を語るという想像の小窓のような役割をします。子どもにとって絵本とは、時間・空間が自由に扱える対象なのです。

　読み聞かせは絵本を媒介物としてできる三者関係です。たとえば絵本を媒介として、子どもと保育者のコミュニケーションの場がつくられ、心的な安定をもたらします。また、子どもはお話で展開される世界をイメージして保育者と共有することができるのです。ここで事例をみていきましょう。

> **事例③　絵本を介してできる安定の時間**
>
> 　4歳のHくんはお気に入りの絵本を読んでほしいと母親のところにもってきます。母親が読み始めるとHくんも一緒に読み始めます。実は、Hくんは本の内容を暗記していて、諳んじて言えるのです。次にこんなセリフが出てくるということを楽しみ、覚えていることを一緒に言うこと自体を遊びとしているHくんにとって、絵本を介した時間は母親とゆっくりと楽しむことのできる安定の時間です。

● 図表10-2　幼児の書き言葉の発達一覧表

年齢	時期	具体的事象	生活の中で関連のある出来事
2歳まで	前期文字の ゴニョゴニョ期	ジュージューという喃語とともに描線をかく活動。	*母親の行為の模倣
2歳〜3歳		字らしいまとまった形の描線を羅列する。 書かれた文字の印象を模倣する活動。	*母親の「書く」行為の模倣
3歳前後	特定ひらがな文字 (名前など)の識別期	原初的な字の形態模写。	絵本の中の文字との出会い *テレビのチャンネルの数字をおぼえる
4歳前後	後期文字の ゴニョゴニョ期	手紙、メモなど目的をもってゴニョゴニョと書く。一字一字ひらがな文字らしい形態をもつ簡単な数字が書ける。	*手紙やメモなどを大人が書く行為の模倣と、その機能の学習 *字がすらすら書ける大人を羨望 ひらがな五十音を貼っておく *カルタなどの遊びを好む
5歳	ひらがな文字の習得期	模写から簡単な作文へ。 いろいろな文字に関心をもつ。 絵日記形式の表現が盛ん。	*保育所ごっこ（字の練習ごっこ）を好む
6歳〜入学まで	伝達手段としての書き言葉発達期	手紙や誕生カードをさかんに書く。 攻撃の文章化盛ん。 文章の連ね方は自己中心的。 二音節語の学習	*家庭内での手紙のやりとり、保育所でワークブック指導 書き順指導

*幼児の自発的活動
出典：小林芳郎監修、萩原はるみ編著『乳・幼児の発達心理学』保育出版社、1996年、145頁

　事例③のように、子どもが絵本を介して人と過ごす時間は、心を安定させます。また自分の気に入っている絵本を暗唱して繰り返し楽しむことは、言葉を理解する力や話す力を育みます。保育者は、子どもの絵本に対する興味がさらに広がり、好きな絵本の数が増えるように環境構成に配慮し、子どもの目につきやすいところに絵本を配置したり、季節や活動のねらいに対応した絵本の読み聞かせをしたりする大切な役割を担っています。それにより、子どもが遊びに興味をもったり、イメージや言葉の力が発達したりしていきます。

おさらいテスト ///

❶ 言葉は [　　　　] とのコミュニケーションの道具である。
❷ 言葉をとおし [　　　] と関わり、理解力と考える力を育てる。
❸ 言葉の習得期だからこそ、[　　　　] が面白い。

///

10 コマ目　言語の発達とコミュニケーション2

演習課題 🖊

考えてみよう

- -

①子どもが「大きい‥小さい」「長い‥短い」「高い‥低い」「太い‥細い」「多い‥少ない」や、色などの言葉を楽しみながら使うために、どのような遊びや絵本を意図的に取り入れてみたいと思いますか。

[

]

②皆さんが幼児期に楽しんだ言葉遊びにはどのようなものがありますか。グループで話し合ってみましょう。

[

]

③動画 10-4 の子ども（1 歳 11 か月）は、母親に何を伝えようとしているのでしょうか。

動画 10-4
何を伝えようとしているの?（1 歳11か月）

演習課題 ✏

ディスカッション

　子どもが身近な生活のなかで文字にふれて「読みたい」「書きたい」意欲を育む環境をあなたはどのように工夫し設定しますか。グループで話し合ってみましょう。

発達に偏りのある子どもの理解と支援

今日のポイント

1 発達障害に含まれる主な障害は、LD、ADHD、ASD である。

2 発達障害に併存しやすい困難さとして、感覚過敏や不器用さがある。

3 特別支援教育やインクルーシブ保育は、療育ではなく通常の保育の場でも必要に応じて行われる。

1 発達障害の理解

　「発達障害者支援法」のなかでは、発達障害のことを図表 11-1 のように定義しています。

● 図表11-1 　「発達障害者支援法」第2条における発達障害の定義

> 　この法律において「発達障害」とは、自閉症、アスペルガー症候群その他の広汎性発達障害、学習障害、注意欠陥多動性障害その他これに類する脳機能の障害であってその症状が通常低年齢において発現するものとして政令で定めるものをいう。

　この定義のなかにはいくつかの診断名が列挙されていますが、自閉症、アスペルガー症候群、広汎性発達障害は社会性の困難さ、学習障害は学習上の困難さ、注意欠陥多動性障害は行動面の困難さをもつ障害です。これらの障害はいずれかの困難さが単独で現れる場合もありますが、重複している例も少なからずあります。専門の医師による正確な診断は大切ですが、一つの診断名だけから子どもをとらえるのではなく、どのような場面でどのような困難さが生じているのかといった状態像から子どもを理解することが重要です。

　発達には、身体運動面、認知能力面、社会性の面など、さまざまな側面があります。それらが足並みを揃えて標準的な発達の経過をたどる子どももいますが、アンバランスな子どももいます。発達障害の子どもは、そのアンバランスさが著しく、本人が生活を送るなかでつらさを感じたり不利益を被ったりします。また、苦手な領域がある半面、平均的またはそれ以上の能力を示す領域もあるため、周囲から、「苦手なこともやる気を出せばできるはず」と受けとめられ、困難な部分を周囲に理解してもらうこと

プラスワン

診断名の留意点

自閉症、アスペルガー症候群、広汎性発達障害は、現在、自閉症スペクトラム障害として一つの概念にまとめられている。同様に、注意欠陥多動性障害も、最近では、注意欠如多動性障害と呼ばれている。診断マニュアルの改訂などで診断名が変更になる場合があるので、常に最新情報に注意を向ける必要がある。

が難しい障害ともいえます。

1　学習面の困難さ（LD）

LD（Learning Disabilities）は学習上困難が生じる障害で、「学習障害」と翻訳されています。その定義は図表 11-2 のとおりです。

● 図表 11-2　文部科学省による LD（学習障害）の定義

> 　学習障害とは、基本的には全般的な知的発達に遅れはないが、聞く、話す、読む、書く、計算する又は推論する能力のうち特定のものの習得と使用に著しい困難を示す様々な状態を指すものである。
> 　学習障害は、その原因として、中枢神経系に何らかの機能障害があると推定されるが、視覚障害、聴覚障害、知的障害、情緒障害などの障害や、環境的な要因が直接の原因となるものではない。

出典：文部科学省「特別支援教育について」
https://www.mext.go.jp/a_menu/shotou/tokubetu/004/008/001.htm（2021 年 1 月 27 日確認）

文部科学省の定義では、知的障害ではないにもかかわらず、言語の 4 つの領域（聞く、話す、読む、書く）や計算、推論のいずれかに困難さが生じるとされています。どの領域に困難さが生じるかは一様ではありませんので、一人ひとりの子どもの実態把握をていねいに行わなければなりません。また、定義のなかで、原因は中枢神経系の機能不全（脳における情報処理が円滑にいかないこと）とされ、養育環境の悪さなどの環境要因や目や耳の感覚器官の疾患による困難さではないことが明示されています。

LD は、学齢期になってから問題が顕在化することが多いのですが、幼児期にもつまずきの芽はみられます。たとえば、目で見て対象物の形や空間的な位置関係を正しくとらえることが苦手な子どもは、小学校に入学してから始まる文字の学習で、手本を正しく写すことに困難さを見せることがあります。このような子どもは、学校での勉強が始まる以前にも似たものを見分けたり位置を把握したりすることが苦手なため、友だちと自分の靴箱やロッカーを混同したり描画につたなさが現れたりすることがあります。保育者も基礎的な知識をもって、幼児期からこのような困難さに気づくことが大切です。

言語を獲得するときは、一つの単語のなかに含まれる音を正しく認識することが必要です。これを音韻認識といいます。「たぬき」という単語であれば「た」「ぬ」「き」という音から構成されていること、さらに「た→ぬ→き」の順番で音が並んでいることを正しく認識しなければなりません。4 ～ 5 歳児はまだ音韻認識が十分に育っていないため、長い単語になると音節の転置（単語のなかで音の順番が入れ替わること。例：オタマジャクシをオジャマタクシという）などの言い間違いがみられますが、学齢期に近づくにつれ正しく言えるようになります。ところが、LD の子どものなかには音韻認識が弱いために、学齢期が近くなってもなかなか言い間違いが直らない場合があります。

音韻認識の困難さは、遊びをとおしても見出すことができます。音韻認識が関与する身近な遊びに、「しりとり」「さかさ言葉」「猛獣狩り」「じゃんけんグリコ」などがあります。これらの遊びでは、音韻の分解（単語のなかの音を分けて一つひとつ認識すること）が円滑にできないと参加しづらくなりますので、遊びへの参加の様子を観察することが、つまずきの早期発見につながることもあります。

また、LD児は視覚認知（目で見た情報を的確にとらえること）の弱さをもつこともあります。学齢期になっても字を正しく書くことができず、ある程度学年が進んでも、鏡文字になったり漢字の部位が左右逆転したりといったつまずきをみせることがあります。視覚認知の弱さは学習以外でも、たとえば靴箱で自分の靴を入れる場所をなかなか覚えられないなどの行動からわかることもあります。

幼児期に集団のなかでみられるLDの困難さは図表11-3のとおりです。

● 図表11-3　幼児期に集団のなかでみられるLDの困難さ

・聞き誤り、聞き落としが多い
・学齢期に近づいた時期でも言い誤りが多い
・同年齢の子どもと比較して文字や数字に関心をもたない
・靴箱やロッカーの自分の場所をすぐに見つけられない
・洋服の前後や靴の左右を間違えやすい
・同年齢の子どもと比較して数の概念を身につけるのが遅い

など

ここで事例をみていきましょう。

事例①　音韻認識や視覚認知に弱さがみられるＡくん

　Ａくんは外遊びが大好きな元気な６歳の男の子です。もうすぐ小学校に入学しますがまだ文字に興味がもてないようです。また、「エベレーター（エレベーター）」「ペットトボル（ペットボトル）」などの言い間違いもあります。いまだに上履きを左右反対に履くこともあり、お母さんは学校生活をちょっと心配しています。

そろそろ学齢期であることを考えると、Ａくんは同じ年齢の子どもよりも音韻認識や視覚認知に弱さがありそうです。この２つの力は、読み書きの土台になる力ですので、もし入学後に学習のつまずきが現れた場合、早

📋 プラスワン

音韻を使った遊び

①猛獣狩り
比較的大人数で行う遊びで、鬼が言った動物の名前の音韻の数によって小グループを素早くつくる遊び（例：「ライオン」であれば４人でグループをつくる）。

②じゃんけんグリコ
じゃんけんをしてグーで勝ったら「グリコ」、パーで勝ったら「パイナップル」、チョキで勝ったら「チョコレート」の単語に含まれる音韻の数だけ歩を進め、先にゴールにたどり着いたものが勝つ遊び。

期から適切な対応ができるよう小学校と連携をとっておくとよいでしょう。

2 行動面の困難さ（ADHD）

ADHD（Attention Deficit Hyperactivity Disorder）は、注意欠如多動性障害とも呼ばれます。

私たちは何かについて行動するときに、行動のゴールを念頭に置いて達成するまでのプロセスをイメージし、必要な手順を効率よく組み立てながら実行します。もし途中で注意がそれてしまったり衝動的にほかの行動をとってしまったりすれば、ゴールに到達することは難しいでしょう。たとえば、登園してから園庭に遊びに出るまでに園服からスモックに着替え、カバンをロッカーにしまい、出席カードを先生に渡す必要があったとします。ロッカーにカバンを置くついでに着替えもして、最後に園庭に出る前に出席カードを先生に渡せば動きに無駄は出ませんが、カバンをロッカーに置いてからカードを先生に渡し、またロッカーに戻って着替えをし、さらにそれらの行動の途中で友だちとふざけ合ってしまえば、すべての行動を終了させるのに時間がかかってしまうでしょう。何かが中途半端なまま園庭に遊びに出てしまうかもしれません。

ADHDは、このように行動をまとめることに困難さが出る障害です。文部科学省の定義は図表11-4のとおりです。

● 図表11-4　文部科学省によるADHDの定義

> 　ADHDとは、年齢あるいは発達に不釣り合いな注意力、及び／又は衝動性、多動性を特徴とする行動の障害で、社会的な活動や学業の機能に支障をきたすものである。
> 　また、7歳以前に現れ、その状態が継続し、中枢神経系に何らかの要因による機能不全があると推定される。

出典：文部科学省「特別支援教育について」
https://www.mext.go.jp/a_menu/shotou/tokubetu/004/008/001.htm（2021年1月27日確認）

ADHDの障害特性は、「不注意」と「衝動性の高さ・多動性」といえます。どちらかの問題が強く現れる場合も両方の問題を抱える場合もあり、「不注意型」「多動・衝動型」「混合型」の3つのタイプに分類されます。

注意の問題は、多動性をともなうと「さまざまな刺激に注意が引かれて着席していなければならない場面でも離席して歩き回る」といった行動につながります。一方、多動性がともなわない場合は、「静かに着席して保育者の話を聞いているように見えてもほかのことを考えたり、ぼんやりとしたりしてしまう」といった状態になりがちです。同じ注意の問題でも、子どもによって状態像は異なることに気をつける必要があります。

先述の定義によると、ADHDの原因はLD同様、中枢神経系の機能不全、すなわち、脳のなかでさまざまな情報を統合したり整理したりしながら行動をまとめていくことの困難さが原因とされています。しかし、ADHDの行動の特徴は、しつけが行き届かないためとみなされることが少なから

11
コマ目

発達に偏りのある子どもの理解と支援

ずあり、保護者が肩身の狭い思いをすることがあります。それゆえ子どもへの注意や叱責が強くなる場合もあり、子どもが自己不全感*や劣等感をもってしまうこともあります。保育者は、子どもや保護者の心のケアにも留意しながら対応することが大切です。幼児期に集団のなかでみられるADHDの困難さは図表11-5のとおりです。

重要語句

自己不全感

→自分は何をやっても十分にできないという自分に対する不全感。自分の価値を低く見積もり、ときに自己嫌悪をともなうこともある。

●図表11-5　幼児期に集団のなかでみられるADHDの困難さ

【多動性】
・貧乏ゆすりなど体の一部を動かしていることが多い
・落ち着きがなくまとまった時間、着席することが難しい
・話し出すと止まらない
【衝動性】
・思いつくと周囲に注意を向けずにすぐに行動に移す
・順番が待てない
・会話に割り込んで話す
【不注意】
・注意を向ける対象が移り変わりやすい（注意の転導性）
・複数のことに注意の振り分けができない
・集中し続けることが難しい
・忘れ物やなくし物が多い
など

ここで事例をみていきましょう。

事例②　多動性や衝動性の高いBくん

　5歳のBくんは元気いっぱいの男の子です。元気なのはよいのですが、落ち着きがないとよく言われます。紙芝居を見るときに、いすから立ち上がって見たり、お絵かきのときにも保育室のなかを歩き回ったりします。園庭で遊ぶときは、滑り台の順番を守らずにけんかになることもあります。園外保育のときは、道路の反対側にいる近所の人を見かけて走り寄り、危うく車にぶつかるところでした。Bくんは気持ちがやさしく、よいところはたくさんあるのですが、毎日怒られてばかりいます。

　Bくんには、多動性（じっとしていられない傾向）と衝動性の高さがあるようです。これらの特性があると自分の行動を上手にコントロールすることが大変難しくなります。保育者は、子どもが不適切な行動をしてから叱責するという事後の対応をとることが多くなりますが、子どもの行動に先回りをした対応（事前の言葉かけや環境整備）を心がけることが大切です。

■ 3 ■　社会性の困難さ（ASD）

　集団生活でのペースやルールに則（のっと）ったり、円滑に対人関係を形成したりすることに困難さが生じるのが、ASD（Autism Spectrum Disorder）です。自閉症スペクトラム障害または自閉スペクトラム症とも呼ばれます。「スペクトラム」とは連続体の意味です。自閉症の社会性の困難さを共通に有していても、知的水準が高い者と低い者では状態像が異なりますが、それらを一連の障害としてとらえるために、スペクトラムという表現が使われています。図表11-6に記した状態像の例を参考にしてみましょう。

● 図表11-6　知的障害をともなうASDと知的障害をともなわないASDの
　　　　　　状態像

知的障害をともなうASDの状態像の例	知的障害をともなわないASDの状態像の例
・獲得語彙が少ない ・エコラリア*がある ・常同行動*が激しい ・クレーン現象*がみられる ・視線が合わない、または合いにくい	・一方向的な会話になりやすい ・集団に参加できるがマイルールがあり、集団のペースやルールから外れやすい ・他者の意図や気持ちを理解することが難しい ・生活のなかにこだわりが多い ・狭く深い関心の寄せ方をすることが多い

　自閉症には3つの障害特性があるといわれています（図表11-7）。文部科学省は、自閉症のこれらの特性をもつ一方で知的障害がないものを「高機能自閉症」として定義づけています。なお、最近は、障害特性の社会性の困難さと言語コミュニケーションの発達の遅れを統合して、2つの障害特性とする考え方もあります。

● 図表11-7　文部科学省によるASDの定義

> 　自閉症とは、3歳位までに現れ、①他人との社会的関係の形成の困難さ、②言葉の発達の遅れ、③興味や関心が狭く特定のものにこだわることを特徴とする行動の障害であり、中枢神経系に何らかの要因による機能不全があると推定される。

出典：文部科学省「特別支援教育について」
https://www.mext.go.jp/a_menu/shotou/tokubetu/004/008/001.htm（2021年1月27日確認）

　ASDの子どもは、想像力に困難さをもちます。そのことは、他者の意図や気持ちを理解するという社会性の困難さや次の展開を柔軟に予測する

11
コマ目

発達に偏りのある子どもの理解と支援

重要語句

エコラリア
→他者から言われた言葉をそのまま繰り返したり、コマーシャルなどのフレーズを繰り返したりすること。

常同行動
→同じ動作（グルグル回る、口をもぐもぐと動かす、手を目の前でヒラヒラさせるなど）を繰り返すこと。

クレーン現象
→自分の要求を言語で示さず、他者を道具のように使って示すこと（箱の蓋を開けてほしいときに大人の手をとってその箱の上にもっていくなど）。

ことが難しく、パターン化されたことを好むという固執傾向にもつながります。

　言葉の意味がわかっていても、会話のなかでその言葉が使用されたときに、その場の文脈とすり合わせて総合的に意味を理解することが難しいことがあります。たとえば、「お友だち」という言葉を「仲良しでよく遊ぶ子ども」と理解している場合、保育活動のなかで保育者が「隣のお友だちと手をつなぎましょう」と指示を出したとき、「列で並んだときに隣り合った子どもと手をつなぐ」という意図で保育者が発言したとは考えず、「隣に並んでいる子どもとはあまり遊んだことがないから『お友だち』には該当しない、したがって手をつながなくてよい」と解釈してしまうことがあります。また、パターンから外れることに強い不安や不快感をもちやすいので、通常は楽しみとなるような非日常的な行事への参加がストレスになることもあります。

　このように、ASDの子どもにとって集団活動に参加することは難しく、精神的にも負担になる可能性があります。集団の場は、予測がつけやすい家庭と異なり、見通しがもちにくいものです。ASDの子どもがパニックになったとき（あるいはパニックを起こしそうなとき）に心を鎮めるための避難場所（シェルター）を園内に用意しておくとよいでしょう。シェルターは、大人の目が行き届く場所に設置することが大切ですが、何もその用途のためだけに一部屋用意する必要はありません。場合によっては、大きめの段ボール箱に入り口と窓をつくり、保育室の片隅に設置しておくだけでも一時的な避難場所としての役割を果たします（図表11-8）。

　幼児期に、集団のなかでみられるASDの困難さは図表11-9のとおりです。

●図表11-8　クールダウンのための一時的な避難場所

興奮した心を鎮めることをクールダウンといいます。

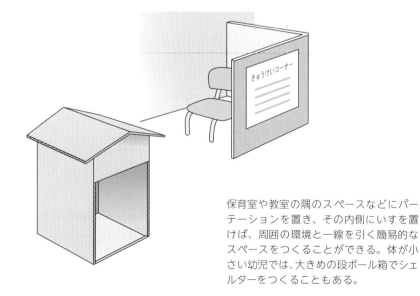

保育室や教室の隅のスペースなどにパーテーションを置き、その内側にいすを置けば、周囲の環境と一線を引く簡易的なスペースをつくることができる。体が小さい幼児では、大きめの段ボール箱でシェルターをつくることもある。

●図表11-9　幼児期に集団のなかでみられるASDの困難さ

【社会性・コミュニケーションの困難】
・言葉の習得が遅い
・他者の意図を理解することが苦手
・方向性のある表現（〜してもらう、〜してあげるなど）の正しい使用が困難
・視線が合いづらい
・他者との適切な距離を保つことが難しく、離れすぎたり接近しすぎたりする
・集団のペースに合わせて行動を調節することが難しい
・集団活動のなかで他者の行動を参照することが少ない

【想像力の乏しさ・固執傾向の強さ】
・同じ遊びや動作を繰り返す
・常同行動を繰り返す
・自分なりの儀式的な行動や動作がある
・いつもと異なる行動を嫌がる（行事に参加が難しい）
・新しい活動を好まない（ときに拒否的になる）
・新しい人物を好まない（ときに拒否的になる）
・狭く深い関心のもち方をする

など

ここで事例をみていきましょう。

事例③　集団での遊びに参加しないCちゃん

　4歳のCちゃんは一人遊びが好きです。レールを複雑につないで電車遊びをするのが最近のお気に入りです。床に顔を近づけておもちゃの電車が通過するのを間近で見入ったりします。また、電車のおもちゃを一列に並べるのも好きです。並べ方にはこだわりがあり、先日ほかの子どもが電車の順番を入れ替えたところ大泣きしてしまいました。また、行動の切り替えが難しく、遊び時間が終わっても園庭から保育室になかなか戻ってこられないことがしばしばあります。ひとりごとをつぶやいていることもよくあります。

　事例③からわかるように、Cちゃんの一人遊びには、ASDの傾向がみてとれます。一人遊びをしている子どもを見るとほかの子どもの集団に入れてあげたくなりますが、その子どもの遊びの世界を尊重することが大切です。行動の切り替えの悪さについては、切り替えのタイミングを事前に知らせて心構えをさせ、ゆるやかに切り替えられるようにするとよいでしょう。

プラスワン

発達障害に併存し
やすい困難さ

本書では、発達障害
に併存しやすい困難
さとして「感覚過敏」と
「不器用さ」をあげて
いる。これらは、発達
に偏りのある子どもに
しばしば見られるので、
理解と適切な対応が
必要である。ただし、
これらの困難さはすべ
ての発達障害児に現
れるわけではないとい
うこと、また、発達障
害の診断基準を満た
さなくても、これらの
困難さが見られる子ど
ももいることに留意す
ることが大切である。

プラスワン

感覚過敏の注意点

感覚過敏は、その感
覚に繰り返し触れれば
慣れるというものでは
ない。無理強いすれ
ば活動そのものへの
意欲が低下すること
がある。子どもが苦手
とする感覚をどのよう
に回避するか、または
和らげるか（例：体操
着を着るときも下に長
袖の肌着を着ることを
許可する。大きな音を
ともなう運動会のよう
な行事に、音のあたり
をソフトにする耳栓を
つけて参加することを
許可するなど）を工夫
するとよい。

2 発達障害に併存しやすい困難さ

1 感覚過敏

　私たちは、目や耳などの感覚器官から得られる外界の情報を活用しながら生活しています。発達障害、特にASDの子どもは、感覚刺激を通常よりも強く感じてしまい、生活に支障をきたす場合があります。また、**感覚過敏**だけでなく感覚鈍麻が生じることもあり、その場合は脳が刺激不足と判断して、くるくる回る、指しゃぶりをするなどの自己刺激行動を繰り返すことがあります。

❶ 触覚過敏

　触覚に過敏性が出ると、特定の触覚の刺激が強く感じられることがあります。たとえば、紅白帽のゴムを苦しく感じて脱いでしまう、砂のチクチクザラザラとした刺激が強すぎて砂遊びができない、などがあげられます。

❷ 聴覚過敏

　大きな音を過度に怖がったり、反響音や機械の動作音を不快に思ったりする子どももいます。保育中、勝手に保育室から出てしまう子どもの行動には、保育室の子どもたちの声が過度の刺激となってつらいためという理由が潜んでいる場合があります。指示への理解が悪いと決めつけず、感覚の問題をもっていないかどうか観察することが大切です。

❸ その他の過敏

　その他、油粘土のにおいが嫌で製作活動に参加できないといった嗅覚の過敏や、プールの水面の反射を嫌がる視覚過敏などがあります。

2 不器用さ

　発達障害の子どものなかには、DCD（Developmental Coordination Disorder：発達性協調運動障害）をあわせもつ子どももいます。DCDは手先の巧緻性の悪さ、つまり年齢から期待されるよりも不器用である障害です。ハサミやのりをうまく扱えず製作活動に支障がでたり、ボタンやファスナーの扱いが上手でないために着替えなどにほかの子どもよりも時間がかかってしまったりすることがあります。そのような場合、「早くしなさい」「ちゃんとしなさい」といった言葉かけは子どもに不要なプレッシャーをかけるだけです。ボタンはめやファスナーの開閉、紐結びなどの練習ができる布製の絵本などで楽しみながら手先を使う練習をしたり、図表11-10のようなひと工夫を加えて、持ち物を扱いやすくしたりするとよいでしょう。

● 図表 11-10　不器用さをあわせもつ子どもへの配慮

面ファスナーやボタンはめを
行うことができる布製の絵本。

上ばきを履くときに子どもが引っ張っ
てかかとを入れやすくするためにかか
との布（飛び出している部分）を長く
したり、手芸用の太い紐を通してルー
プをつくったりする。

ファスナーの両脇や引き手の金具に
厚地のリボンなどを加え、子どもが
開閉しやすくする。

3　保育と特別支援

1　特別支援教育とは

　障害をもった子どもへの指導は特殊教育の名称のもとで行われてきま
したが、2007 年、構想も新たに特別支援教育として生まれ変わりました。
その定義は、図表 11-11 のとおりです。

● 図表 11-11　特別支援教育の定義

> 　特別支援教育は、障害のある幼児児童生徒の自立や社会参加に向けた主体的
> な取組を支援するという視点に立ち、幼児児童生徒一人一人の教育的ニーズを
> 把握し、その持てる力を高め、生活や学習上の困難を改善又は克服するため、
> 適切な指導及び必要な支援を行うものである。
> 　また、特別支援教育は、これまでの特殊教育の対象の障害だけでなく、知的
> な遅れのない発達障害も含めて、特別な支援を必要とする幼児児童生徒が在籍
> する全ての学校において実施されるものである。
> 　さらに、特別支援教育は、障害のある幼児児童生徒への教育にとどまらず、
> 障害の有無やその他の個々の違いを認識しつつ様々な人々が生き生きと活躍で
> きる共生社会*の形成の基礎となるものであり、我が国の現在及び将来の社会
> にとって重要な意味を持っている。

出典：文部科学省「特別支援教育の推進について（通知）」2007年

　これまでの特殊教育とは異なり、特別支援教育は、特別な教育的ニーズ
をもつ幼児児童生徒が在籍していれば、特定の学校や学級だけでなくすべ
ての学校で適切な指導や必要な支援を行うとしています。また、対象とな
る障害に知的な遅れのない発達障害を含めることが明示されています。
　また、特別支援教育は、支援対象の子どもを担当する保育者や教員だけ
が行うものではなく、園内委員会や校内委員会を設置して情報共有するこ
ととされています。

重要語句

共生社会

→文部科学省によると
「これまで必ずしも十
分に社会参加できる
ような環境になかった
障害者等が、積極的
に参加・貢献していく
ことができる社会」で
あるとし、さらに「それ
は、誰もが相互に人
格と個性を尊重し支
え合い、人々の多様な
在り方を相互に認め
合える全員参加型の
社会である」と定義づ
けられている（文部科
学省「共生社会の形
成に向けたインクルー
シブ教育システム構
築のための特別支援
教育の推進（報告）」
2012年）。

プラスワン

**特別支援教育の
キーパーソン**

適切な支援を行うた
めのまとめ役として特
別支援教育コーディ
ネーターを置いている。

特別支援教育は、文部科学省管轄の幼稚園でのみ行われるわけではありません。保育所等においても、個々の子どもの発達の違いに留意しニーズに即した保育が重視されるようになりました。

◤ 2 ◢　発達障害の出現率

文部科学省が2002年と2012年に行った調査によると、通常の学級に在籍する子どものうち、特別な支援を必要とする子どもは約6％にのぼるとのことです（図表11-12）。この調査は義務教育年限である小中学校で実施されたものですが、出現率としては幼児期においても大差はないと思われます。つまり、発達に偏りがあり支援を要する子どもは、身近な通常の保育の場にも存在しているということです。

●図表11-12　通常の学級に在籍する特別な支援を必要とする児童・生徒に関する全国調査

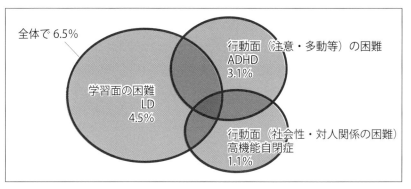

出典：文部科学省「通常の学級に在籍する発達障害の可能性のある特別な教育的支援を必要とする児童生徒に関する調査結果について」2012年を一部改変

◤ 3 ◢　発達障害とインクルーシブ保育

2006年に国連総会で採択された「障害者の権利に関する条約」において、障害者の人権や尊厳が保障されました。わが国でも翌2007年に署名したあと、数年かけて国内の法を整備し、2014年に同条約を批准しています。

「障害者の権利に関する条約」では、障害者の教育を受ける権利と機会の均等を実現するため、インクルーシブな教育を確保することが述べられています。また、文部科学省も2012年に「共生社会の形成に向けたインクルーシブ教育システム構築のための特別支援教育の推進（報告）」のなかで、インクルーシブ教育（保育）の理念について明示しています。

インクルーシブとは「包括的な」という意味です。すなわち、インクルーシブ教育（保育）とは、多様性を尊重し排除のない教育（保育）ということになります。そのように説明すると「障害のある子どももない子どもも一緒に教育や保育を受けること」をイメージする人もいるかもしれません。しかし、そのとらえ方は少し違っています。

これまでの保育の歴史において、インクルーシブ保育に似たものとして「統合保育」があります。最近では、インクルーシブ保育と統合保育をほ

● 図表11-13　統合保育のイメージ

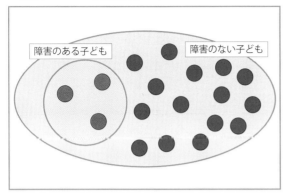

障害のある子ども　障害のない子ども

● 図表11-14　インクルーシブ保育のイメージ

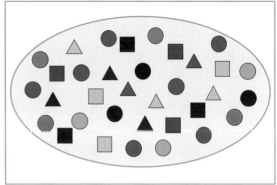

ぼ同義語として扱う場合もありますから注意が必要ですが、そもそもの統合保育は、「障害のある子どもも障害のない子どもと同じ場で保育を受ける」ことを指していました。イメージとしては、図表11-13にあたります。障害のある子どもが排除されることなく、障害のない子どもたちの集団に入り活動をともにしますが、必ずしも一人ひとりのニーズに合った適切な配慮がなされるとは限りません。

　一方で、インクルーシブ保育の場合は、障害の有無を前提としていません（図表11-14）。障害と一言でいってもさまざまな障害の種類があり、障害の診断を受けている子どもであってもほかの子どもたちと同じように参加できる活動もあります。障害のある子どももない子どもも、同じ子どもは2人といないのです。また、保育や教育の場には障害の有無だけでなく、貧困や外国籍などさまざまな配慮を必要とする子どもがいます。それら多様な子どもたちをすべて包括して、個々のニーズに配慮しながら行うのがインクルーシブ保育なのです。

　多様な子どもたちを含む保育は、保育者側にも多角的な視点が求められます。標準的な発達と比較するだけでなく、それぞれの子どもの得意なことや不得意なことを日頃の保育のなかでていねいに観察し、対応していくことが肝要でしょう。発達障害の子どもは、得意なことを中心に評価されると過大評価されて、不得意なことが努力不足だとみなされてしまいます。また、不得意なことばかりに注目されると、得意とする力を見逃されて過小評価されてしまうこともあります。子どもの困難さを適切に支援し、強みとなる能力はさらに伸ばしていけるよう心がけることが大切です。

おさらいテスト

❶ 発達障害に含まれる主な障害は、[　　　]、[　　　]、[　　　] である。
❷ 発達障害に併存しやすい困難さとして、[　　　] や [　　　] がある。
❸ [　　　] や [　　　] は、療育ではなく通常の保育の場でも必要に応じて行われる。

発達に偏りのある子どものつらさを体験してみよう

　発達に偏りのある子どもは、指示されたことが理解できてもそのとおりに行動できず、もどかしい思いをすることが少なくありません。そのような思いを心理的に疑似体験して、小グループで感想を話し合ってみましょう。あわせて、どのような配慮がよいサポートになるのかも考えてみましょう。

①5～6人の小グループで行います。一人を聞き手、そのほかの人を話し手にしましょう。話し手はタイミングを合わせて、一斉に同じくらいの声の大きさで聞き手に対して話をします。聞き手はそれをできるだけ聞き取るようにしてください（いきなり話すのが難しい場合は、本の一部を読み上げるのでも構いません）。
→この演習では、注意の焦点を何か1つに絞ることができず、一生懸命聞こうとしても聞き取れないつらさを体験します。

②小さなマス目がたくさん並んだワークシートを用意します（既存の方眼罫の用紙でも可）。ペアをつくり、一人が利き手ではないほうの手で小さなマス目の中に○を2分間書き続けます。もう一人は点検係です。ペアの人の作業を見て、少しでもマス目からはみ出したり、○の形になっていなかったりすれば注意をしてやり直させます。
→この演習では、手先の不器用さがある子どものつらさを経験します。点検係の、「もっときれいに書きなさい」とか「はみ出さないように書きなさい」という注意を受けてどのような気持ちになるか、それらの言葉かけが何らかの効果につながるか考えてみましょう。

第3章

||||||||||||||||||||||||||||||||||||||||||||||||||||||||||||

子どもの学びと
保育

この章では、乳幼児期の子どもの学びの過程やその特性について学びます。
心理学における「学び」とは、学校の勉強ではなく、
どのような場面でどのような行動をとることが
適切であるかを身につけていくことです。
子どもは、さまざまな経験や遊びによって学びを身につけていきます。

乳幼児期の学びに関わる理論 1

今日のポイント

1 知識による学びと体験による学びは、互いに関連し合いながら子どもの学びを深めていくことを理解する。

2 強い情動とともに学習されたことは消去が難しくなることを理解する。

3 しつけを一貫させる必要があることを強化の方法から理解する。

1 学びとは何か

1 心理学における学びとは

　学びとは何でしょうか。心理学には「学習心理学」という分野があります。学習という言葉を聞いてどのようなイメージをもちますか。おそらく国語や算数といった学校での勉強のイメージをもつ人が多いのではないでしょうか。しかし、心理学において、学習（学び）とは勉強を指す言葉ではありません。

　たとえば、子どもが遊んだあとに玩具をもとの場所に片づけて保育者にほめられたとします。子どもはこの経験から、「お片づけをすること」と「大好きな先生からほめてもらえること」を結びつけて考えるでしょう。さらに、片づいたあとの保育室は、次の活動がしやすく快適になっているでしょうし、きちんと片づけができていれば、次回その玩具を使いたいときにスムーズに取り出すことができます。「片づける」という行動をとることで、うれしい気持ちや快適な環境を得ることができれば、その子どもは、片づけるという行動を繰り返すようになるでしょう。

　生活を送るうえで私たちはさまざまな経験を積み重ねていきます。特に乳幼児の生活は大人に比べて新しい経験に満ちていることでしょう。生活のなかで新たな行動を経験し、どのような場面でどのような行動をとることが適切なのかを身につけていくこと、これが学習（学び）だといえます。

2 学びの2つの側面

　学びには大きく分けて2つの側面があります。1つは「知識による学び」、もう1つは「体験による学び」です。前者は、保護者や保育者など、子どもの身近にいる大人から教えてもらうことによる学びです。また、学齢期になれば、本などから知識を得ることもあります。これらの方法は、

> 学習（学び）という言葉の意味をしっかり理解しておきましょう。

既存の方法や事実を効率的に獲得することができ、失敗も少なくてすみます。

　一方、後者の「体験による学び」は、子どもが生活のなかでみずから解決すべき問題に相対し、試行錯誤しながら体験をとおして自分なりの答えを見出していく方法です。非効率的でときに失敗もありますが、能動的で汎用性の高い学びにつながる可能性があります。「知識による学び」も「体験による学び」も子どもの成長には不可欠であり、両者は連動しながら子どもの学びを深めていくことになります。

2　学びの理論

　学習（学び）とは、経験をとおして獲得する、比較的永続的な行動の変容と定義することができます。私たちはどのようなメカニズムで新たな行動のパターンを獲得しているのでしょうか。以下に主な理論をあげます。

1　古典的条件づけ（レスポンデント条件づけ）

　古典的条件づけ（レスポンデント条件づけ）とは、ロシアの生理学者パブロフの犬を使った動物実験がもととなる理論です。犬に、聞き慣れない音（ベルやメトロノームなど）を聞かせたときに、犬はどんな反応をすると思いますか。たいていの犬は耳をそばだてるでしょうが、音によって唾液をたくさん分泌させるということはないはずです。

　一方、エサは、確実に唾液の分泌を促す刺激です。パブロフは実験で、エサと音を一緒に提示することを何度も繰り返すことによって、犬に、音はエサが出てくる合図であることを学習させました。その結果、最終的には、犬はエサが提示されなくても音を聞いただけで唾液を分泌させるようになったということです（図表12-1、12-2）。

●図表 12-1　パブロフの実験装置

プラスワン

接近の法則

パブロフの実験で、中性刺激（それ自体は唾液が出るという反応を起こさない刺激）である音と、無条件刺激（古典的条件に基づく刺激）であるエサの提示を時間的に接近させればさせるほど、条件づけは成立しやすくなる。

12コマ目　乳幼児期の学びに関わる理論1

●図表 12-2　古典的条件づけの概念図

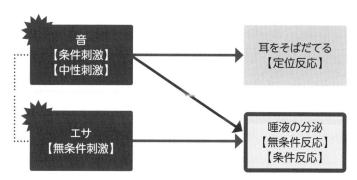

赤い点線で示された2つの刺激を時間的に接近させて提示することで
それまで存在しなかった赤い矢印のつながりが生じる。

　パブロフの実験では、音とエサを一緒に提示することをやめれば、しばらくすると、音刺激だけで唾液の分泌量が増えることはなくなります。これを消去といいます。
　しかし、古典的条件づけ（レスポンデント条件づけ）が情動*と絡むと、一度関連づいたものが単純に消去されることは難しくなります。恐怖症などがその一例です。

> アルバート坊やの実験（恐怖条件づけ）
> 　アメリカの心理学者ワトソンは、アルバートという男児に以下の実験をしました。まず生後9か月のときに、アルバートが白ネズミを怖がらないことを確認しておきます。そのうえで、生後11か月で実験室で白ネズミと一緒に過ごしてもらいその様子を観察します。実験では、アルバートが白ネズミに近づいたりふれようとしたりすると不快な大きな音が鳴るようにします。突然大きな音が鳴るので、アルバートは恐怖のあまり泣き出しますが、音が繰り返されるうち、白ネズミと音の関連に気づき、白ネズミを怖がるようになります。その後、白ネズミと大きな音をワンセットにして示すことをやめ、白ネズミが近づいても音が鳴らないようにしても、アルバートは白ネズミを見ただけで泣き出すようになったということです。さらに、恐怖の対象が広がって（般化*して）アルバートは、白ネズミを連想するような白いひげや脱脂綿などにも恐怖を覚えるようになったそうです。ワトソンは、恐怖症のメカニズムをこのような恐怖条件づけで説明しています。

　保育者は、保育のなかでこのような条件づけがなされないように十分に気をつけなければなりません。情動の条件づけは実験だけでなく、身近な生活のなかにもみられます。

お医者さんが嫌いなAくん

　Aくんは、季節の変わり目にたびたび体調を崩し病院を受診することが多くあります。高熱を出したときは注射や点滴を受けることもありますが、Aくんは感覚の過敏性もあり、これらの治療が大嫌いです。Aくんにとって病院とは病気を治してくれるところではなく、身体がつらいときにさらに痛い思いをさせられる場所となっています。最近では、薬をもらいに行くだけのときも、お医者さんや看護師さんの白衣を見ただけで泣き出すようになってしまいました。

2　道具的条件づけ（オペラント条件づけ）

　よく繰り返される行動には、繰り返されるだけの意味があります。アメリカの心理学者スキナーが行った実験をみてみましょう。

　スキナーは、ラットとスキナーボックスという実験装置でオペラント条件づけの実験をしました。スキナーボックスは図表12-3のような装置で、内側にレバーがあり、そのレバーを押し下げるとエサが出てくるしくみです。空腹のラットをこのなかに入れると、ラットはエサを探していろいろな行動をとりますが、そのうち偶発的にレバーにふれてエサを手に入れます。この経験を何度かするうちに、エサを手に入れるための試行錯誤の行動は減り、レバー押しの行動が繰り返されるようになります。

　レバー押しの行動が繰り返されたのは、その行動にエサという報酬があったからです。ある行動（反応）に報酬がともなうとその行動の頻度は上がります。これを強化*といいます。この場合の報酬であるエサは強化子*と呼ばれます。

● 図表12-3　スキナーの実験装置

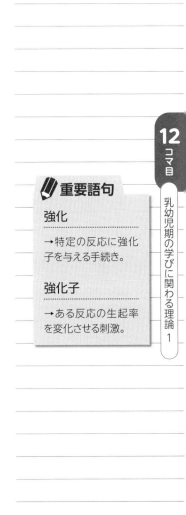

重要語句

強化

→特定の反応に強化子を与える手続き。

強化子

→ある反応の生起率を変化させる刺激。

第1節第1項「心理学における学びとは」であげた片づけの例を思い出してみましょう。この子どもにとって、「先生にほめられる」「快適な環境で活動する」「玩具を使いたいときに探すことなくすぐに取り出せる」といったことのうち、いずれかが報酬（強化子）になれば、片づけるという行動は強化されることになります。子どもが適切な行動を身につけて環境に適応していくためには、強化子の与え方や強化のあり方に配慮していく必要があります。次の事例をみてみましょう。

事例②	駄々をこねる行動がエスカレートしたBくん

　Bくんは3歳児です。アニメのキャラクターのおまけがついたお菓子が大好きで、お母さんとスーパーマーケットに行くと必ずおねだりします。お母さんはそのお菓子を買い与えたくないと考えていますが、Bくんが激しく駄々をこねると根負けして買ってしまうこともあります。毎回必ず報酬がともなわなくても、またいつか報酬が得られるということを経験上知っていれば行動は繰り返されます。Bくんにとっては、お母さんが「ダメ！」と言って断固として買ってくれない日もあれば、同じように「ダメ！」と言ったあとでも駄々をこねることで買ってくれる日もあるという状況です。そのような経験をとおして、買ってもらえそうもない日は、Bくんは、さらに激しく駄々をこねるようになってしまいました。

　行動（反応）に毎回必ず強化子がともなう場合と、毎回ともなうとは限らない場合があります。前者を連続強化、後者を部分強化といいます。

　部分強化には、報酬の有無が予測できる場合（たとえば○回目ごとに強化されるなど）と予測できない場合（ランダムに強化される）があります。予測できない場合は、次こそは報酬が与えられるという期待が生じて行動は消去されにくくなります（図表12-4）。

　事例②のBくんの場合も、「ダメ」と言われて駄々をやめるのではなく、さらに激しく駄々をこねて報酬を期待する行動をとっています。「しつけは一貫させましょう」とはよく言われることですが、このような理論的な背景があることを覚えておくとよいでしょう。

　ここまでは、行動の頻度を上げることについてみてきました。しかし、もしある行動に不快な刺激が必ずともなうとしたらどうでしょうか。おそらくその行動の頻度は下がるでしょう。これを罰といいます。子どもが不適切な行動をとったとき、その行動を繰り返さないように大人が子どもを叱るということは、このようなメカニズムを利用しています。しかし、罰には気をつけなければいけない点がいくつかあり、十分に配慮したうえで行う必要があります。このことは、あとの項目でくわしく言及します。

● 図表12-4　行動に対する強化子の与え方の例

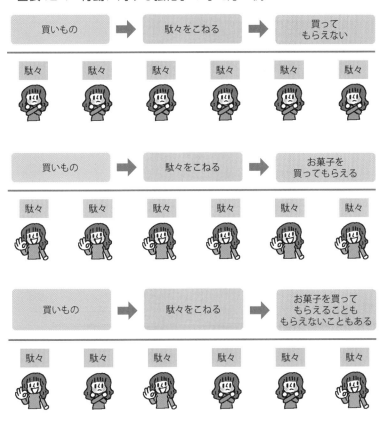

| 買いもの | ➡ | 駄々をこねる | ➡ | 買って もらえない |

駄々をこねても一度もお菓子を買ってもらえなければ、駄々をこねる行動はお菓子を得るためには機能しないので徐々に消去される。

| 買いもの | ➡ | 駄々をこねる | ➡ | お菓子を 買ってもらえる |

駄々をこねると必ずお菓子を買ってもらえれば、駄々をこねる行動は強化されて繰り返し生じる。「駄々」に必ず「お菓子を買ってもらえる」結果がともなうことを連続強化という。

| 買いもの | ➡ | 駄々をこねる | ➡ | お菓子を買って もらえることも もらえないこともある |

駄々をこねるとお菓子を買ってもらえることもあれば、買ってもらえないこともある場合を部分強化という。

12 コマ目

乳幼児期の学びに関わる理論①

📣 プラスワン

高次な学習としての観察学習

観察による学習は高等動物ならではの学びの方法。たとえば犬に「おすわり」をしつける際、飼い主が座って見せて模倣させるのではなく、オペラント条件づけを使って学習させる。

3　観察学習（モデリング）

　古典的条件づけ（レスポンデント条件づけ）は、比較的受動的、道具的条件づけ（オペラント条件づけ）は環境に対して比較的能動的であるという相違点はありますが、両者はともに体験をとおして学ぶという共通点があります。しかし、新しい行動を獲得するのに、常に試行錯誤などの体験が必要となれば時間がかかり、非効率的です。私たちは、他者の体験を参照して新たな行動を獲得することも可能です。それが観察学習（モデリング）*です。

　カナダ出身の心理学者バンデューラによれば観察学習は次の４つのプロセスからなります（図表12-5）。このことを証明するために、バンデューラは攻撃行動に関する２つの実験を行いました。

　バンデューラの実験から私たちは多くを学ぶことができます。私たちは体験を経なくても、他者の行動を観察することによって行動のレパートリーを広げていくことができます。バンデューラの最初の実験では、観察学習の影響の強さを物語っています。

　また、他者がほめられたり叱られたりしたことを見ることによって、それを自分のことに置き換えて判断することも実験からわかりました。これを代理強化といいます。バンデューラが示した観察学習の４つのプロセス

🖋 重要語句

観察学習（モデリング）

→見本（モデル）を観察することで行動などを身につけることをいう。観察学習と同義に使用されることが多い。

●図表 12-5　観察学習のプロセス

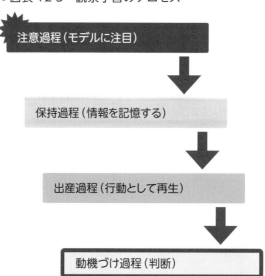

注意過程（モデルに注目）

保持過程（情報を記憶する）

出産過程（行動として再生）

動機づけ過程（判断）

攻撃行動の実験①

　バンデューラらは、等身大の人形に対して、大人が攻撃行動（キックやパンチ）をしている様子を子どもに観察させました。観察の条件としては、子どもの目の前で実際に大人が攻撃行動をとっている条件、攻撃行動の様子を録画し映像として子どもに観察させる条件、攻撃行動をアニメーションの映像にして観察させる条件などいくつか設定しました。

　その後、玩具や遊具が多数置かれているプレイルームで子どもに自由遊びをしてもらい、その様子を記録しました。プレイルームには、攻撃行動に使用された等身大の人形も置いておきます。結果は、攻撃行動を観察するセッションを経験しなかった子どもに比べて、攻撃行動を観察した子どもは、いずれの条件においても人形に対しての攻撃行動（観察された大人がとった攻撃行動の模倣）が多かったとのことです（図表 12-6）。

（図表 12-5）の最後には、「動機づけ過程」があります。観察対象に注意を向けて行動を記憶し、再生するだけではなく、最後に、観察した行動を実際の自分の行動として表出するかどうかを判断するプロセスがあることに留意しなければなりません。技術的に難しくなければ、他者がとっている行動は容易に模倣できます。しかし、模倣できるからといって何でも再現してよいわけではありません。子どもは、他者の様子をしっかり観察して自分の行動のレパートリーに追加しますが、その行動をとってよいのかどうかの判断を、保育者はしっかりと教えていく必要があります。

● 図表 12-6　バンデューラの攻撃行動の実験①

モデル

ビデオを見た
男の子

ビデオを見た
女の子

出典：Bandura & Ross（1963）をもとに作成

子どもは、周囲の
大人がとる行動を
しっかり見ていま
すから大人の責任
は重大ですね。

攻撃行動の実験②

　バンデューラの別の実験では、子どもに観察させる攻撃行動の映像
を結末を変えて2つ用意し、それぞれの映像を観察した子どもがその
後どのような行動をとるかをみました。

　映像は、大人が人形に対して攻撃行動をとったあと、その大人が別
の大人から罰せられるものとほめられるものが用意されました。攻撃
行動をとったあと罰せられた映像を観察した子どもは、ほかの条件の
子どもよりも攻撃行動に対する模倣が少なかったという結果が得られ
ました。

12 コマ目

乳幼児期の学びに関わる理論 1

おさらいテスト

❶ [　　　] による学びと [　　　] による学びは、互いに関連し合いな
がら子どもの学びを深めていくことを理解する。

❷ 強い [　　　] とともに学習されたことは [　　　] が難しくなること
を理解する

❸ しつけを一貫させる必要があることを [　　　] の方法から理解する。

演習課題

古典的条件づけを体験してみよう

①小グループをつくりリーダーを決めましょう。リーダーは、以下の文をグループメンバーに話して聞かせます。グループメンバーは目をつぶってリーダーが話している内容をできるだけリアルに想像してみましょう。

②話を聞き終わったら、話を聞く前と比較して口のなかの唾液の量に変化がみられたかどうかメンバー間で報告し合います。

③なぜこのような変化がみられたか、変化がみられない場合はどのような理由かをディスカッションしましょう。

あなたの目の前に、お皿いっぱいに盛られた梅干しがあると想像してください。梅干しがたくさんあるので、梅干しのいい香りがしてきます。山盛りの梅干しをじっくり眺めて、一番おいしそうなものを選んでください。次に選んだ梅干しを想像のなかでつまみあげ、ゆっくりと口元に運んでください。さらに梅干しの香りが強くなりましたね。さあ、口を開けて舌の上に載せましょう。口いっぱいに梅干しの味が広がりました。それをじっくり嚙みしめて味わってください。よーく嚙んで、よーく味わってください。

種は飲み込まないように気をつけて、嚙んで味わってください。

目を開けてください。どうですか？　口のなかの唾液の量は先ほどと変わりましたか？

演習課題

ディスカッション

- -

　小グループをつくり、次のワークシートに各自記入してから話し合ってみましょう。

自分がよく行う行動を具体的にあげてみましょう。
例：目的地まで行くのに、いくとおりかルートがあるにもかかわらず特定のルート（電車の路線）を使う。

その行動を繰り返す理由を考えてみましょう。何が強化子になっていると思いますか？
例：そのルートを使うと、乗り換えのときに必ず座れる。

次のことをオペラント条件づけの部分強化と関連づけて話し合ってみましょう。
・しつけを一貫させることが大切な理由   ・ギャンブルをやめることが難しいといわれる理由

子どもをほめるときの注意点と叱るときの注意点を自分の体験も交えて話し合いましょう。
・ほめるとき   ・叱るとき

13コマ目

乳幼児期の学びに関わる理論2

今日のポイント

1 動機づけには、内発的動機づけと外発的動機づけがある。

2 状況を自分の行動でコントロールできないという経験を重ねると学習性無力感に陥る。

3 賞罰が必ずしも保育者の意図のとおりの効果を及ぼすとは限らない。

1 動機づけ

1 動機づけとは

人は、朝起きてから夜眠るまでにさまざまな行動をとっています。数ある行動のなかから特定の行動を選択する背景には、**動機づけ**が深く関わっています。

さて、皆さんは昼食を何時頃とりますか。だいたい 12 ～ 13 時頃でしょうか。なぜその頃に食べるのでしょうか。ある人は、「ちょうどその頃におなかがすくから」と答えるかもしれません。また、「それほどおなかはすいていないけれど、そのタイミングでないと自由な時間がないから」と答える人もいるかもしれません。同じように「昼食をとる」という行動でも、前者と後者ではその行動を引き出しているものが異なります。前者は、内部の欠乏（空腹）が、後者は、外部の要因（その時間でないと昼食をとれない）が行動を引き出しています。内部の欠乏によるものを動因、外部から導かれるものを誘因といいます。

たとえば、暑くて喉がとても渇いているときに、目の前に冷たくておいしそうな水があれば、動因も誘因も高くなり水を飲むという行動が現れますが、同じ水であっても、すでに十分に水分補給をして渇きを満たしたあとであれば動因も誘因も低くなり、水を飲むという行動は現れないでしょう（図表 13-1）。このように、私たちは、動因や誘因の影響を受けながら行動をとっているのです。

2 2つの動機づけ

ある行動を引き起こし、その行動を維持し、一定の方向に導いていく心理的なプロセスのことを動機づけ（モチベーション）といいます。子どもの様子を観察してみると、子どもがなぜその行動をとっているのかわかる

プラスワン

動機づけと欲求

欲求は動機づけと深く関連する。欲求には生まれながらにもっている生理的欲求（食欲など）と、後天的な社会的欲求（愛情、承認など）がある。

142

● 図表13-1　動因と誘因

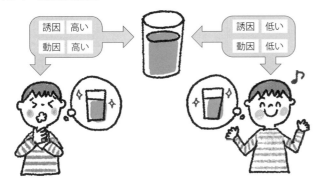

ことがあります。次の事例をみてみましょう。

事例① 　**2つの動機づけ**

　AちゃんとBちゃんは仲良しです。2人そろって、幼稚園のあとスイミング教室に通っています。AちゃんもBちゃんもスイミング教室に通うのを楽しみにしています。しかし、よく様子をみてみると、スイミング教室に通う動機が異なっているようです。Aちゃんは、上手に泳げたあと、お母さんや先生にほめてもらうのがモチベーションになっているようです。また、帰りがけに食べるアイスクリームも楽しみの一つになっているようです。

　一方、Bちゃんは、泳ぐことそのものが楽しくてたまらない様子です。仲良しのAちゃんがお休みのときも、帰りがけのアイスクリームがなくても、泳ぐことができればそれだけで満足のようです。

　2人とも同じように元気に教室に通っていますが、行動が同じように見えても、その行動を後押しする動機づけは異なるようです。

　事例①の場合、Aちゃんは、ほめられることやアイスクリームを食べることが目的でスイミング教室に通っています。このように、賞罰などの外部の誘因によって行動が引き起こされることを外発的動機づけといいます。Bちゃんは、泳ぐという行動そのものが目的で通っていますが、このように関心や意欲、好奇心によって、その行動そのものに動機づけられることを内発的動機づけといいます。

　よく子どもの行動をコントロールするために、大人が外発的動機づけを行うことがあります。「△△ができたら○○を買ってあげる」というような行為です。これは果たして、子どもの意欲を高めて適応的な行動※を行うことにつながるのでしょうか。

　外発的動機づけで気をつけなければならないことは、たとえ子どもが大人が意図する行動をとったとしても、その行動そのものには動機づけられていないため、賞罰のような何らかの誘因を取り去ってしまえば行動は現れなくなる可能性が高くなるということです。しかし、意欲をもてずにい

同じ行動に見えても、その行動のモチベーションとなっているものが違うのですね。

13 コマ目

乳幼児期の学びに関わる理論2

📝 **重要語句**

適応的な行動
→社会や文化的な規範に沿った行動のこと。

る子どもがいきなり内発的に動機づけられた行動をとることは困難です。外発的動機づけのデメリットを念頭に置きつつ、上手に活用して行動の一歩をまず踏み出させる手立てとして工夫するとよいでしょう。

3　動機づけと自己決定

　動機づけには、内発的動機づけと外発的動機づけがあると説明しましたが、自己決定の観点からとらえると外発的動機づけは一様ではなく、段階があることがわかります。「まったく気が進まないけれど怒られたくないからしかたなくやる」といった行動も、「その行動そのものがやりたくてたまらないわけではないが、その行動をとりたい意志があるからやる」といった行動も、どちらも外発的動機づけです。しかし自律性（自己決定）の点では行動の質は異なります。動機づけを自律性の高低を含め、整理したものが図表13-2です。

●図表13-2　自律性と動機づけ

自律性の低い 外発的動機づけ	自律性の高い 外発的動機づけ	内発的動機づけ
ごほうびがあるからその行動をとる。 罰を受けるのが嫌だからその行動をとる。	やりたくてたまらないわけではないが、自分にとっての必要性を感じてその行動をとる。	その行動そのものがやりたくてたまらないから、その行動をとる。

　次に、外発的動機づけと意欲について研究した興味深い実験がありますので、紹介しましょう。

動機づけの実験

　グリーンとレッパーは、お絵かきが大好きな幼児（お絵かきに内発的に動機づけられている幼児）を集めて3つのグループに分けました。実験は、それぞれのグループの幼児に条件を変えてお絵かきをしてもらうというものです。第1グループの幼児には、事前にお絵かきをしたらごほうびがもらえることを予告しておきます。第2グループの幼児には、事前には何も伝えず、実験のセッションが終わったらお絵かきをしたことに対して予期せぬごほうびをあげます。第3グループには、特別な教示をすることなくいつもどおりお絵かきをしてもらい、ごほうびも特に設けません。

　その後、1週間のインターバルをおいて、これらの幼児のお絵かき行動の様子を観察しに行きます。実験前にはお絵かき行動に対しての動機づけに差がみられなかった子どもたちですが、実験を経て行動に変化がみられ、第1グループの幼児だけが自主的に行うお絵かき行動が減少しました。第1グループの幼児は、実験において、お絵かき行動への動機づけが内発的なものから外発的なものに変化した経験をも

ちます。このことから内発的動機づけが形成されていたものに対して、外発的動機づけを行うと、もともとあった内発的動機づけが阻害されてしまう可能性があることが示唆されます。

その後の研究によって、すべての場合でこの現象（アンダーマイニング効果）が生じるわけではないことが示されましたが、外発的動機づけのこのような側面を心にとめて、みだりにもので子どもの行動を制御しようとすることは避けなければなりません。

2　学びと心の発達

1　学習性無力感と保育

　子どもは、生活全般をとおして学んでいます。いわば、起きてから寝るまでの間すべてが学びの時間なのです。保育者はそのことを念頭に置いて子どもへの対応を考えなければなりません。

　学び（学習）は生活するうえで役に立つことばかりではなく、不適切なことを学んでしまうこともあります。12コマ目で学んだ道具的条件づけ（オペラント条件づけ）では、個体が環境に対して能動的に働きかけ、試行錯誤し、その結果適切な反応を身につけていきますが、仮に、環境に能動的に働きかけても一貫した結果が得られなかったらどうでしょうか。

　たとえばCちゃんは、お手伝いをしてお母さんからほめられたので、お手伝いを繰り返すようになったとします。Cちゃんは、この経験からお手伝いをするとよい気分になり、達成感も味わうことができることを学びます。一方、Dちゃんは、お手伝いをしたところ、ほめられたり無視されたり、「余計なことはしなくていい！」と叱られたりと、同じお手伝いをするという行動をとってもお母さんの機嫌しだいで結果が変わるとします。Dちゃんはこの経験から何を学ぶことになるでしょうか。おそらくDちゃんが学ぶことは、「自分が何を行っても状況をコントロールすることはできない、状況を決めるのは自分以外の存在（お母さん）である」ということを学ぶのではないでしょうか。その結果、自分がとる行動に自信がもてなくなったり、どうせやっても無駄だといった無力感を覚えたりするようになります。このことをセリグマン*は学習性無力感と名づけました（図表13-3）。

　子どもがいきいきと日々を過ごし、生活のなかからさまざまなことを学ぶためには、子どもがこのような学習性無力感に陥ることを防がなければなりません。誰にとっても、「状況をコントロールできると認知すること」や「やってみればできそうだと自分に対しての見通しをもてること」はとても重要なことなのです。

プラスワン

アンダーマイニング効果

内発的動機づけが外発的動機づけによって阻害されることを、アンダーマイニング効果という。報酬が自己評価に基づいて行われたり、被験者が年長の者であったりすると、この現象が必ずしもみられるわけではないという報告もある。

13コマ目

乳幼児期の学びに関わる理論2

セリグマン
Seligman, M. E. P.
1942年～
アメリカの心理学者。うつ病における無力感などの研究を行い、のちにポジティブ心理学を広めた。

学習性無力感の実験

　セリグマンは、犬をグループに分けて実験をしました（図表13-3）。犬をハンモックに吊るし動けないように拘束した状態で電気刺激（不快な刺激）を与えます。あるグループの犬は、前にパネルが用意され、そのパネルに触れれば電気刺激を回避することができます（逃避可能群）。別のグループの犬にはパネルが用意されないため、電気刺激を回避する手段がありません（逃避不可能群）。どのグループの犬もそれぞれの経験をしたのちにハンモックから降ろされ、実験箱のなかに入れられます。実験箱は2つの空間に分かれており、最初に入れられた空間では床から電気刺激が伝わるようになっています。隣の空間では電気刺激の仕掛けはありません。2つの空間を隔てる仕切りは犬の跳躍力で容易に飛び越せる高さなので、電気刺激を回避するため、逃避可能群の犬は試行錯誤を始め、ほどなくして仕切りを飛び越えて電気刺激を回避することに成功します。ところが、実験の前半で不快な刺激を自分でコントロールすることができなかった逃避不可能群の犬は、電気刺激の回避に対して行動を起こさずうずくまってしまったとのことです。

　実験に際し、グループに分けられる前の犬はいずれも同じような能力や体力を有している同一条件の犬でしたが、実験をとおしてこのように行動上の大きな差が生じてしまったのです。このことから、どんなに努力しても状況を制御できないという経験は、そのときだけでなく、その後の行動にも大きな影響を及ぼすのだということがわかります。

●図表13-3　学習性無力感の実験

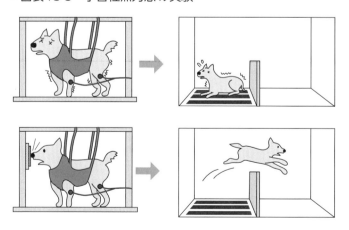

2　原因帰属

　何か失敗をしたときに、なぜあのような失敗をしたのだろうかとその原因を振り返ることはありませんか。たとえば、皆さんが、とても重要な試験を受けて不合格だったとします。そのとき、何が原因で不合格だったの

●図表13-4　原因帰属

	安定	不安定
内的	能力	努力
外的	課題の困難性	運

かと考えるでしょう。「問題のレベルが難しすぎた」「運が悪かった」「自分はどうせ頭が悪いからだ」「前日に勉強をせずにテレビを見てしまったのがいけなかった」などいろいろな原因が考えられます。

　このように、物事の原因を何かに帰属することを原因帰属といいます（図表13-4）。

　アメリカの社会心理学者のワイナーらは、原因帰属を図表13-4のように、その原因が自分の内側にあるか外側にあるかといった「原因の所在」と、変化の可能性があるか否かといった「安定性」の2次元で4つに分類しました。先の例でみると、「問題のレベルが難しすぎた」というのは外的で、なおかつ固定的な要因なので、図表13-4に当てはめると「課題の困難性」に当たります。同様に、「運が悪かった」と考えた場合は外的で変化の可能性がある「運」に、「自分はどうせ頭が悪いからだ」との思い込みは内的で固定的なため「能力」に帰属されます。また「前日に勉強をせずにテレビを見てしまったのがいけなかった」という考えは、内的で、かつ、前日にテレビを見ずに勉強に集中すれば違った結果につながったかもしれないという変化の可能性を含みますので「努力」となります。

　失敗という結果を成功に転じるには、一連の出来事を評価する際、そこに変化の可能性が含まれる必要があります。また外的な要因は自分自身ではどうにもなりませんので、内的要因である必要があります。つまり、同じように「試験に失敗した」という経験をしても、その原因を「課題の困難性」「運」「能力」に帰属した人よりも「努力」に帰属する傾向にある人のほうが、次にどのようにすれば失敗を避けることができるかといった見通しをもってモチベーションを高くして再挑戦することができるということになります。

　もし、目の前に失敗してやる気を失っている子どもがいたときには、叱咤激励をする前に、その子どもの原因帰属の傾向を、日頃の行動観察などから把握することが大切でしょう。その際、「どうせ自分はダメ」といった帰属のしかたをしているのであれば、小さな成功体験を積み重ねて原因帰属の傾向を変えていく必要があるかもしれません。

3　自己効力感と保育

　私たちは得たい結果があるとき、何をすればその結果が得られるか考えたり調べたりするでしょう。たとえば必ず合格したい試験があったとき、「一日に○時間勉強すれば合格する」とか、「○○の教材や参考書を使えば

プラスワン

統制可能性も考慮した原因帰属

ワイナーはのちの研究で、「原因の所在」と「安定性」に「統制可能性」を加え、全部で8つの分類で原因帰属を説明した。

13
コマ目

乳幼児期の学びに関わる理論2

●図表13-5　自己効力感の概念図

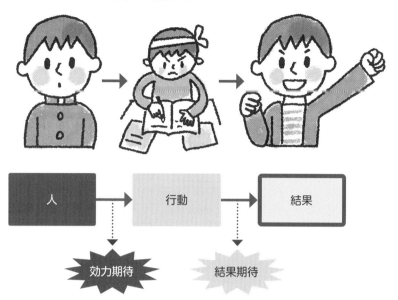

合格する」などのように、よい結果を得るための情報を集めることと思います。以上のように、「これを行えばこの結果に至る」という予想を結果期待といいます。結果期待は、比較的もつことが容易です。

　図表13-5を参照してください。「行動」が「結果」につながるという結果期待のほかに、その行動をとる「人」と「行動」の間をつなげることも必要です。ほかならぬ自分（人）がこの行動を滞りなく実行することができるという予想を効力期待といいます。自覚された効力期待は自己効力感と呼ばれ、自己効力感が高いほど困難に直面したときにがんばりがききます。

　困難な局面に対してがんばれると聞くと、自己効力感が高い人は能力も高いと思いがちですが、自己効力感と能力は同じではありません。潜在的な能力が高い人でも自己効力感が低いため自信がもてず、何に対しても意欲に乏しいということは起こりえることなのです。保育においては、どの子どもも自己効力感を高くもてるように上手にサポートをしていきたいものです。

4　賞罰と保育

　私たちは、ほめたり叱ったりしながら子どもの行動を制御しようとします。いずれにおいても、何に対してほめられているのか、叱られているのかを子どもに明白に伝えることが大切です。

　また、賞罰を与える場合にはその目的も明らかにし、保育者が感情のおもむくままに子どもをほめたり叱ったりすることのないようにしなければなりません。賞罰を与える目的は、「適切な行動を増やして不適切な行動を減らすこと」です。ところが、保育者の意図どおりに展開しないことが多々あります。もし保育者の意図どおりの反応が子どもから得られなかっ

た場合は、ほめたり叱ったりする行為を漫然と繰り返すのではなく、**背景をていねいに振り返ってみる**必要があります。

事例②　賞罰が保育者の意図どおりに働いているか

　5歳のEくんは落ち着きがなく、よく保育者に注意されます。この間は、製作の時間に静かに座って保育者の説明を聞かなければならないのに、立ち歩いたりおしゃべりをしたりしていました。そのつど、担任のF保育者は、Eくんの名前を呼んで注意をするのですが効き目がありません。F保育者のほうもだんだん声のトーンが上がってしまう状態です。Eくんには発達の偏りがあるのではないかという保育者もいました。

　そこでF保育者は、注意を与えるだけでなく、いつもよりていねいにEくんを観察することにしました。Eくんは理解力はあり、保育者の指示はわかっていると思われます。また落ち着きのない行動も、よく観察すると、いつもというわけでもなさそうです。また、保護者の話によると、Eくんの下に手がかかる2人の弟がいるため、家庭でEくんにしっかり関わる余裕があまりないこともわかりました。

　F保育者は、Eくんが、注意を受ける行為を繰り返すことで保育者の気を引いて関わってもらいたがっているのではないかと予想をたてました。Eくんが不適切な行動をしたときは、それまではすかさず注意をしていましたがその回数を減らし、その代わりに適切な行動をとったときはそれがどんなにささいなことでも注目して声かけをするように心がけました。すると、半月もしないうちに、あんなに目立っていたEくんの不適切な行動が減ったのです。

　この事例は、名指しで注意を与えるというF保育者の行為が、保育者の意図どおりに罰として機能するのではなく、関わってもらえるというごほうびとして機能してしまった例です。このように賞罰は、保育者の意図どおりに機能しないこともあるため注意が必要です。

おさらいテスト

❶ 動機づけには、[　　　　]と[　　　　]がある。
❷ 状況を自分の行動でコントロールできないという経験を重ねると
　[　　　　]に陥る。
❸ [　　　　]が必ずしも保育者の意図のとおりの効果を及ぼすとは限らない。

プラスワン

罰と情動反応
事例②のようなケースのほかにも、「怒っている先生がイヤ」という理由で登園しぶりが始まった例もある。不適切な行動を減らそうとした保育者の意図がうまく子どもに伝わらなかったばかりか、子どもの情動反応を引き起こして、不適応が増大してしまっている。

13 コマ目
乳幼児期の学びに関わる理論2

外発的動機づけと内発的動機づけの具体例を考えてみよう

①自分の行動を振り返って、次の表を埋めてみましょう。

	自律性の低い 外発的動機づけ	自律性の高い 外発的動機づけ	内発的動機づけ
行動例 ・レポート課題 　に取り組む ・友だちと映画 　を見に行く			

②小グループに分かれて話し合い、結果を共有しましょう。同じ行動でも人によって動機づけが異なることに気づきましょう。

演習課題 ✏

ディスカッション

- -

① 145頁のDちゃんの例で、今後新しいことに取り組むときなど、保育のなかでDちゃんにどのように配慮して対応すればよいでしょうか。小グループに分かれて話し合ってみましょう。その後、クラス全体で共有しましょう。

```
⎡                                                    ⎤
⎢                                                    ⎥
⎢                                                    ⎥
⎢                                                    ⎥
⎢                                                    ⎥
⎣                                                    ⎦
```

②次の事例を読んで考えましょう。

事例　**挑戦する前からあきらめてしまっているGくん**

　Gくんは5歳の男の子です。なわとびの練習をしていますが、なかなか跳べるようになりません。保育者が励ましても「どうせぼくはダメな子だから、できないもん」と言います（「能力」に原因を帰属している状態）。

　まずは小グループに分かれて話し合ってみましょう。その後、クラス全体で共有しましょう。Gくんに言葉かけで励ますだけでなく、自己効力感を高め、原因の帰属のしかたを変える働きかけをしたいと思います。どのような方法があるでしょうか。

```
⎡                                                    ⎤
⎢                                                    ⎥
⎢                                                    ⎥
⎢                                                    ⎥
⎢                                                    ⎥
⎣                                                    ⎦
```

13 コマ目

乳幼児期の学びに関わる理論 2

乳幼児期の
学びの過程と特性

1 日常生活における体験をとおして、子どもはさまざまな学びを得ている。

2 レディネスを重視する成熟優位説に対して、レディネスを促進させることを重視するのは学習優位説である。

3 愛着形成は、子どもの学びを支えるものの一つである。

1 学びの特性

1 健康

子どもは、保育所等における生活を送るなかで、健康管理や安全に留意した行動や生活習慣を体験をとおして学習します。ここで述べる「学習」とは、健康や安全について勉強するということではなく、心理学でいうところの適切な行動パターンを身につけるという意味です。子どもは、保育所等における生活で先生や友だちと食事をともにしたり、戸外で体を思いきり使って運動したりすることから、衛生や安全の基礎的な知識を体験的に獲得することができるのです。食事の前や外遊びから帰ってきたときに手洗いやうがいをする習慣をもつことは、汚れを落とすだけでなく、病気を予防することにもなります。また、それらの行動は、子どもなりに自分の健康に関心をもつことにもつながります。

事例① **おなかが痛くなった友だちへの言葉かけ**

梅雨の時期の肌寒い日のことです。園庭から戻った4歳児クラスのAちゃんがおなかが痛いと言い出しました。先生はあわててAちゃんをトイレに連れて行きました。一緒に遊んでいた仲よしのBちゃんはその様子を心配そうに見ていましたが、トイレから出てきたAちゃんを見て、「Aちゃん、大丈夫？　ぼくもおなかが痛くなったときがあったよ。そのとき、おなかをゆっくり丸くなでたらね、あったかくなってね。痛いのが少しよくなったよ」と話しかけました。Aちゃんは、Bちゃんが言ったとおりにおなかをなでてみました。

それを見た先生は、「BちゃんはAちゃんが心配なのね。それで、おなかが痛くなったときの手当てを教えてあげたのね」と言いました。

事例①のように、幼児でも健康に関心をもっています。また、体調が悪くなったときにどのように対処したかを、その後の経験に生かすこともできます。さらに、他者の経験を自分の経験と照らし合わせることによって、他者への理解や共感性が生まれます。

2　人間関係

❶ ソーシャルスキルの獲得

人間は社会的な生き物ですから、どの発達段階においても、何らかの集団に所属しながら生活します。子どもは園生活の他者との関わりのなかで学びを深め、世界を広げていきます。一人の力では限界があることも、友だちと協力することで達成できたり、他者を思いやることやルールを守ることで集団での活動がより快適になったりします。そのような経験は、ソーシャルスキル*を獲得するうえで不可欠なものです（図表14-1）。

成人して社会と関わるときには、年齢、性別、職業、考え方が異なる多数の人と、上手にコミュニケーションをとって人間関係を形成する必要があります。自分の気持ちを上手に主張することと同時に、自分の気持ちや衝動性を制御していくスキルも求められるのです。これらのスキルは、実際の体験なしには身につくものではありません。

乳幼児期の集団における体験は、他者と関わりながら社会で生きていくための大切なトレーニングの第一歩といえるでしょう。

●図表14-1　集団生活で求められるソーシャルスキル

・あいさつをする	・先生の話を聞く
・お礼を言う	・先生に注目する
・あやまる	・必要な時間着席している
・物の借り方を知る	・遊びへの入り方を知る
・他児と物を共有する	・負けても怒らない
・ルールを守る	・指示やルールに基づき行動を切り替える
・順番を守る	・困ったときにヘルプを出す　　　　　　など

重要語句

ソーシャルスキル

→社会生活を営むうえでの基本的な技能。一般に対人関係のスキルを指すことが多い。

モデリングについては、15コマ目も参照しましょう。

14コマ目　乳幼児期の学びの過程と特性

ミニコラム

ソーシャルスキルトレーニング
(Social Skill Training：SST)

ソーシャルスキルトレーニングとは、他者と円滑に関わるためのスキルを、日常場面ではなく、系統的にトレーニングとして身につけるためのものです。モデリング（観察学習）を用いた5～6人ほどの小集団形式のものが一般的です。以下に例をあげます。

①対象となるスキルを決める。

　例：お礼の言い方。

②そのスキルについて保育者が解説をする。

③保育者同士でスキルを使った場面を短く**ロールプレイング***をして、
子どもたちに観察させる。

例：保育者Aが保育者Bにボールを貸す。BはAの顔を見ながら
「ありがとう」と言う。

　観察場面においては、手本となる適切なやり取りだけでなく、子
どもたちが行いがちな不適切な場面（例：もじもじして「ありがと
う」とはっきり言えないなど）も観察させるとよい。

④子どもたちに観察した場面のよいところや改善すべきところを述べ
てもらう。

例：「ありがとう」と言われてAさんはうれしそうだった。もじも
じしていると何を言っているかわからないから、はっきり言わ
ないとダメだと思うなど。適宜、保育者がヒントを与えるとよい。

⑤③④を参考に、子どもたち自身が、ロールプレイングを行い、保育
者相手に適切なスキルの使用を実践する。

例：保育者はそのままAの役割を行い、子どもはBの役割を交代で
行う。

⑥保育者が、子どものパフォーマンスのよいところと改善したほうが
よいところをフィードバックする。

例：声がもう少し大きいともっとよかったけれど、相手の顔を見て
お辞儀もしてお礼を言えたのはとてもよかったね、など。

　モデリングで大切なのは、適切なやり取りをすると「目的を達成し
やすいこと」「気持ちよく他者と関われること」（たとえば、けんかを
することなくボールを貸してもらえるなど）を、観察によって学習さ
せることです。小集団形式で行えば、保育者だけでなく、ほかの子ど
ものパフォーマンスからも多くを学ぶことができます。

ここで、事例をみていきましょう。

📝 **重要語句**

ロールプレイング

→ 演劇形式の短いや
り取りの活動。決まっ
た筋立て（台本）に
沿って保育者や子ど
もが役割（ロール）を
演じる（プレイング）
こと。ロールプレイン
グをとおして、子ども
は自分の通常の行動
パターンとは異なる体
験をしたり、他者のパ
フォーマンスを観察す
ることでよりよい対人
的やり取りの形を学ぶ。

日常のなかで適切
な関わりを学ぶに
は、保育者のちょっ
としたサポートが
重要なのですね。

事例② 　**遊びをとおしたソーシャルスキルへの気づき**

　3歳児クラスのCちゃんは砂場遊びが大好きで、砂場遊びの玩具のなか
でも少し大き目のシャベルがお気に入りです。ところがそのシャベルは1
つしかないため、よく友だちと取り合いになります。この間もDちゃんと
取り合いになり、Dちゃんを叩いて泣かせてしまいました。友だちを叩い
てまでして手に入れたシャベルですが、けんかになってしまうと叱られる
ばかりか結局楽しく遊べません。

　次の日も砂場で遊んでいると、たまたまCちゃんの掘った穴と隣で掘っ
ていたDちゃんの穴がくっついて2つの穴の境目が崩れました。それを
見ていたCちゃんとDちゃんは、力をあわせて一つの大きい穴を掘るこ
とにしました。一人で掘るより楽しそうです。そこへ保育者が、「Dちゃ

んが掘っているところは大きいシャベルだと掘りやすそうね」と声かけしました。Cちゃんはちょっと考えて、もっていたお気に入りのシャベルを「貸してあげる」と差し出しました。Dちゃんから「ありがとう」と言われてCちゃんはうれしくなり、トンネルづくりがもっと楽しくなりました。

　他者との関わりでは、自己主張と自己制御のバランスが大切です。自分の気持ちを抑制しすぎても主張しすぎても、良好な人間関係は築けません。しかし、両者の適切なバランスを測りながら行動することはなかなか難しく、失敗してトラブルになることも少なくありません。幼児期は、そのようなトラブルを起こしたり他者のトラブルの様子を観察したりして、体験的に両者の適切なバランスを学んでいく時期です。

❷ 道徳性の発達と役割取得能力

　子どもたちは、集団生活をとおして社会性を学んでいきますが、集団生活を送るうえで深く関わるのが、道徳性の発達や役割取得能力です。役割取得能力とは、他者と関わるなかで、他者の気持ちや意図を適切に理解し、それに基づいて自分がどのような行動をとればよいかを判断する能力のことです。

　幼児は、役割取得能力がまだ十分に備わっておらず、自他の視点の区別が明瞭ではありません。また、情動（➡5コマ目を参照）のコントロールも未熟なため、自分の思いどおりにならない場合、泣いたり、実力行使にでたり（例：使いたいおもちゃを相手からひったくったり、相手を叩いたりする）といった行動をとる傾向にあります。これが学齢期*に近づくと、徐々に自他の視点を分けて考えるようになり、8歳頃には、他者の視点からも物事を考えることができるようになります。

　このように幼児は、自己中心的な視点でものごとに対処していますが、周囲の大人の働きかけで少しずつ視野を広げていくことが可能です。次の事例をみてみましょう。

事例③　唯一の解決策ではなく異なる視点への気づき

　4歳児クラスのEちゃんとFちゃんが1冊の絵本を取り合っています。Eちゃんは一緒に読んでもいいと言っていますが、Fちゃんは一人でその絵本を読みたいようです。両者ともにゆずらず、ついに2人とも大泣きしてしまいました。そこに保育者がやってきました。Eちゃんは「仲よくしないといけないのに、一緒に読もうと言ってもFちゃんがイヤだと言うからFちゃんが悪い！」と主張します。Fちゃんは「Eちゃんは勝手にページをめくるからイヤだ！」と言っています。

　保育者は、「EちゃんもFちゃんもこの絵本が好きなのね。EちゃんはFちゃんと一緒に読みたいと思っているし、Fちゃんは、まだそのページを見ていたいときに次をめくられるのがイヤなのね」とそれぞれの気持ちを代弁しました。そして「どちらかだけでなく、一人で読むのと一緒に読むのとを順番にやってもよいかもね」と提案しました。

重要語句

学齢期

→義務教育年限に相当する時期。小・中学校に在籍する時期。

ここでいう自己中心的とは、「わがままで自分勝手」という意味ではなく「一つの視点からものごとを判断して、多角的にものをとらえられない」ということを指すのですね。

14コマ目 乳幼児期の学びの過程と特性

　2人とも絵本を読みたがっていますが、絵本をどのように読みたいかは異なっています。「絵本を読む」ことだけに注目するのであれば、Eちゃんの申し出を受けて2人で仲よく一緒に読むことを促すことになるかもしれません。しかし、ここで保育者は、2人それぞれの気持ちを代弁して、自分と異なる相手の思いに気づかせています。さらに、それぞれの思いが叶うにはどうしたらよいかという提案もしています。この後、2人が提案どおりにことをおさめたかどうかはわかりません。しかし、このように、現在の発達の次の段階の考え方をヒントとして大人が提示することは発達を促す大きな役割を果たします。

3　環境

　自分を取り巻く環境に関心をもち、環境と関わることで、物理的性質や数概念、文字などを体験的に理解することは、生きる力につながります。幼児は、座学で知識を得る以前に日々の生活のなかで季節の変化や気象、動植物に触れ、自然に親しむことによって環境を理解していきます。
　自由遊びのなかで自然にふれ、子どもみずから発見を得たり、季節を体験する行事や園外の活動において学びを深めたりしていきます。

事例④　体験をとおした新たな発見と広がり

　5歳児クラスのGちゃんは、花の水やり係です。ある日、保育室に置いてある植木鉢の花に水をやっていたところ、床に水をこぼしてしまいました。あわててぞうきんで床を拭いたまではよいのですが、園庭から友だちが「遊ぼう」と声をかけてきたので、絞ったぞうきんを広げて干すことなく園庭に出てしまいました。
　翌日、Gちゃんは、ぞうきんがそのままの形で固く乾いていることに気づきました。広げて干したときに比べてシワシワになり、扱いづらくなっています。早速近くにいた友だちと保育者に、自分の発見を報告しました。保育者は「面白い発見をしたわね」と言いました。するとHちゃんは、「お母さんがハンカチを洗うときシワにならないように窓に貼りつけて干すよ」と言いました。Gちゃんは早速試してみたくなって、ポケットに入っていたハンカチを濡らして窓に貼りつけてみました。

　子どもは、生活のなかでさまざまな発見をします。事例④では、保育者がGちゃんの行動について、「使ったぞうきんはきちんと後始末すべきである」ということに焦点を当ててしまうと、Hちゃんからの情報を検証してみるといったその後の行動の広がりにはつながらなかったかもしれません。ここでは、保育者は、Gちゃんの驚きに共感し受容的に対応していますので、Gちゃんは知的好奇心をのびのびと広げることができています。
　次の事例は数概念の獲得に関わるエピソードです。

事例⑤	体験をとおした数の理解①

5歳児クラスのⅠちゃんは、お母さんとお風呂に入るのが大好きです。一緒に湯船に入って肩までつかって10まで数えてから出ることにしています。指を1本ずつ出しながらゆっくり数えます。

事例⑥	体験をとおした数の理解②

4歳児クラスのJちゃんはお手伝いが大好きです。Jちゃんの家族は、おじいちゃんやおばあちゃんも含めて6人いますが、夕食のときは人数分のお箸やお皿を並べるのが役割です。「おじいちゃんのお皿、おばあちゃんのお皿…」と言いながらJちゃんは、ちゃんと人数分のお皿の用意ができます。

ゲゼル
Gesell, A. L.
1880〜1961
アメリカの心理学者。小児科医でもあったため育児書を多数執筆している。

ゲゼルの考え方については2コマ目でも学習しましたね。

1から順番に数を数えることは、かくれんぼなどの遊びのなかでも必要とされるスキルです。また、大袋に入ったキャンディを子どもに均等に分けるときなども、子どもの様子を観察していると、割り算の概念をもっていなくても、まず1つずつ配り、もう1つずつ配り……というように上手に分けています。これは、トランプのゲームでのカードの配り方などにもつながります。

発達を規定する考え方として成熟優位説と学習優位説があります。ゲゼル*によって唱えられた成熟優位説は、学習に際してレディネス（新たな学習課題に対して個体の準備状態が整っていること）を重視しています。つまり、成熟を待って準備が整ってから教育を行うべきであるとの考え方です。一方、ブルーナー*は、適切な経験や刺激を子どもに与えることで、レディネスが促進されると考えました。前者は子どもの発達に対し、「待ちの姿勢」であるのに対し、後者は環境要因を重視し、子どもの発達に適切に関わっていくことを重視している立場です。

先にあげたⅠちゃんやJちゃんのエピソードは、数概念を教えることを前提にしていませんが、日常生活の行動のなかで自然と数概念にふれています。Ⅰちゃんは数を10まで唱えていますが、「イチニサンヨン……」と無意味な呪文のような言葉を言っているのではなく、数詞*を唱えるごとに指を折って対応させています。また、Jちゃんは、人物とお皿を1対1で対応させて数概念を理解しています。数概念や数量は就学してから学習するものですが、幼児はすでに生活のなかで数概念にふれています。あえて勉強の形をとらなくても、これらの経験は就学後の学習の基盤となるのです。

ブルーナー
J, S, Bruner.
1915〜2016
アメリカの心理学者。子どもみずからが発見し、経験などをとおして学ぶ発見学習を唱えた。

14
コマ目

乳幼児期の学びの過程と特性

重要語句

数詞

→イチ、ニ、サンのように数を表す言葉。

4　言葉

言葉を使うことで、世界は何倍にも広がりを見せます。他者と体験を分かちあうこと、感動を表現すること、新しい知識を学ぶことなど、ほとん

日本語のかなは、「か」という文字と「か」の発音記号の「ka」が、1対1の対応をしていますね。アルファベットは、たとえば「か」は「k」と「a」の2つの音（音素）から構成されているから、かなよりも複雑ですね。

どの事柄で言葉が使われます。日々の生活をとおして、子どもは豊かな言語世界を学んでいきます。

　幼児期は音声化した言葉である外言が多く、コミュニケーションの手段だけでなく、みずからの思考を整理するためにも言葉をつぶやきます。語彙の豊かさや表現の的確さは、他者との円滑な交流を促すばかりか、思考力を深める　助にもなります。

　3歳児になると日常的なコミュニケーションがとれるようになり、獲得語彙も増えますが、ものの名称などの単語は、話し言葉のなかでの一かたまりの音としての認識です。しかし、4～5歳児になると、単語のなかに音の単位（モーラ）があることに気づき、音韻認識*の能力が発達します。

　遊びのなかでも言語能力は重要な役割を担います。たとえば「しりとり」は、単語のなかの音韻を分解し最後の音を抽出したのち、その音から始まる別の単語を探すという一連の作業が求められるので、音韻認識が育ってはじめて楽しめる遊びといえるでしょう。また、文字の習得にも音韻認識の発達は重要です。あえて教え込まなくても、生活には文字があふれているので、子どもたちは文字に関心をもちます。特に日本語のかな文字は特定の音韻と対応していますので、文字の形状を覚えてそれを単独で音声化することができます。いくつか文字を覚えると、新聞や町の標識などから知っている文字を探して遊びます。集団に入ると、持ち物に記名するので、まず自分の名前の文字から覚えるかもしれません。また、仲良しの友だちができると、その子どもの名前の文字にも関心を向けたりします。

　4～5歳になると、記憶や表象（イメージすること）の能力も発達し、ごっこ遊びを楽しむようになります。ごっこ遊びでは、自分以外の人物（お母さん、赤ちゃん、テレビ番組のキャラクターなど）になりきって、それにふさわしい言語表現をします。

事例⑦　　遊びをとおした語彙や言語表現の広がり

　以下は、5歳の子どもたちのごっこ遊びのなかでの会話の一部です。

K：お食事の時間ですよ。お皿を運んでちょうだい。
L：はーい。ごはんはなぁに？
K：ハンバーグよ。野菜もちゃんと食べるのよ。好き嫌いしていると大きくなれませんよ。わかった？　Lちゃん。
L：わかった。
K：あっ、電話だわ。…もしもし、あら幼稚園のケイコ先生、こんばんは。いつもLがお世話になっております。明日の遠足のことですか…？

　お母さん役のKちゃんの言葉づかいは、おそらく日常のKちゃんの口調とは異なるでしょう。子どもたちのごっこ遊びを見ていると、身近な人物の動作や口調の特徴をとらえて上手に再現していることがあります。こ

の場合も、Kちゃんのお母さんが口にする表現をKちゃんがしっかりと覚えて、遊びのなかで活用しているのでしょう。幼児期は語彙がどんどん広がっていく時期です。日頃よく使う表現のほかに、大人が使う表現やテレビの時代劇やアニメなどで使われる現実的ではない表現も含まれています。それらがごっこ遊びのよい味付けになったりします。獲得される語彙は増え続け、就学前までに語彙は 2,000 ～ 3,000 語にもなるといわれています。

5　表現

　感性を育み豊かに表現することは、人生に彩りを添えます。幼児は、既存の枠組みにとらわれず、自由に世界とふれ合い表現します。たとえば、音の表現には必ずしも楽器を必要としません。身近な生活用品を叩いてみて材質によって異なる響きを楽しんだり、自然のなかの草や木の実を使ってさまざまな音をつくり出したりします。

　そのような自由な表現世界も、子どもたちの様子を観察してみると、年齢や経験によって違いがあることに気づきます。

事例⑧　生活のなかでの気づきと表現の広がり①

　Mちゃんは3歳児です。輪ゴムをロッカーのフックに引っかけて伸ばしたり弾いたりして遊んでいます。「先生、ビヨーン、ビヨーンって言ってるよ！」と保育者に報告しています。

事例⑨　生活のなかでの気づきと表現の広がり②

　Nちゃんは5歳児です。おもちゃのペグボードの何本かのペグに輪ゴムを引っかけて弾き、「先生、見て見て！　これお琴のつもり！　お正月にテレビでやっていた！」と言いました。

　Mちゃんは、輪ゴムを弾いたときに音がすることに気づき、その発見を楽しんでいます。試行錯誤するなかで輪ゴムを少し伸ばしたときとたくさん伸ばしたときで音や感触が異なることへの気づきも得るかもしれません。Nちゃんの遊びは、Mちゃんの発見の発展形ともいえます。それまでの体験から学習した輪ゴムの特性と、新しく獲得した知識（お琴）をリンクさせて、身近なおもちゃを使って表現しています。このように、子どもは、知識や体験に基づいて学習したことを別の知識や体験と関係づけながら世界を広げていきます。

　さらに遊ぶなかで、既存の「お琴」の枠を超えたユニークな楽器が出来上がるかもしれません。既存の形式に落とし込むことなく、子どもが知識や体験をとおして学習してきたことがのびのびと自由な感性をともなって表現されることが大切です。

14コマ目　乳幼児期の学びの過程と特性

159

2 学びを支える愛着の形成

　これまで学びの基礎的な理論として、外界に能動的に働きかけるオペラント条件づけやそれと関連させて学習性無力感について解説してきましたが、子どもがのびのびと試行錯誤を行い、新しいことを学んだり解決策を考えたりする前提として、子どもが世界のなかに自分の居場所があることを確信し、安全感や周囲への信頼感を育んでいることが不可欠です。

　学習によって後天的に獲得された行動は、生得的に獲得した反射などとは異なり、環境との相互作用により形づくられます。子どもがどのような学びをするかということは、生活年齢からみた標準的な発達の視点からだけでなく、個々の子どもの環境がどのようであったか、乳幼児期にどのような経験をしたかということとも大きく関わります。このことを愛着の視点から考えてみましょう。

　乳幼児期の子どもは、主たる養育者（主に母親がそれに該当することが多い）との関わりをとおして世界を広げ、社会性を学んでいきます。主たる養育者とのつながりを、ボウルビィは「愛着」という概念で説明しました。この愛着は、母子の関わりのなかで変化し発達していくとし、次の4つの段階を示しています（図表14-2）。

●図表14-2　愛着の発達段階

第1段階（〜3か月）
泣き声などのシグナルを出すことで主たる養育者の注意を喚起し、ケアしてもらう。しかし、まだ、主たる養育者とそのほかの人物の明瞭な区別はしていない。
第2段階（3〜6か月）
シグナルは主たる養育者へ向けたものが多くなり、そのほかの人物と主たる養育者を区別し始める。
第3段階（6か月〜3歳）
運動能力の発達にともなって、主たる養育者の後追い行動が始まる。また未知の人物への警戒が強まる（人見知り）。適切な愛着が形成されていれば、子どもは主たる養育者を安全基地とみなして、未知のものに好奇心をもち新たな試みに挑戦することができる（例：母親が視野のなかにいれば、少し離れて探索行動を展開し、離れている時間が長くなったり、母親が視野から外れたときは、母親のもとに駆け戻って安心感を得る）。
第4段階（3歳〜）
認知能力が発達して表象機能が育つと、それまでの経験から、主たる養育者と物理的に接近していなくても容易にその温かく信頼に足るイメージを思い描いて、みずからの行動をとることができるようになる。ちょうどこの時期に幼稚園や保育所等で集団生活を経験することが多いが、愛着の発達と適切な形成によって過度な不安を感じることなく集団生活への適応が容易になる。

　もし、第1段階で子どもが出したシグナルに母親（主たる養育者）が応答的に関わらなかったとしたらどうでしょうか。第2段階で母親を、そのほかの人物と区別することが難しくなるでしょう。そうであれば、愛着形成期である第3段階で安心して探索行動をとり、世界を広げることはできないでしょう。第4段階では集団生活に不適応を起こしたり、他者との関わりが適切でないなどの問題が出てきたりする可能性もあります。

　子どもの学びには、子ども側の個人的な要因だけでなく、環境要因も大きく関わることを念頭に置く必要があります。

おさらいテスト

❶ 日常生活における [　　　　] をとおして、子どもはさまざまな学びを得ている。

❷ レディネスを重視する [　　　　] に対して、レディネスを促進させることを重視するのは [　　　　] である。

❸ [　　　　] は、子どもの学びを支えるものの一つである。

学びにつながる遊びを考えてみよう

①音韻認識を使った遊びに、「しりとり」「じゃんけんゲリコ」「猛獣狩り」などがあります。これらの遊びを参考にしながら、幼児が楽しめる音韻認識を使った遊びを考えてワークシートにまとめてみましょう。

遊びのタイトル
遊びの構成人数
準備物
遊び方と留意事項

②ロールプレイング形式のソーシャルスキルトレーニングを考えて、ワークシートに記入してみましょう。

タイトル
対象となるスキル
子どもたちへのスキルの説明
ロールプレイングの台本（悪い例①）
ロールプレイングの台本（悪い例②）
ロールプレイングの台本（よい例）
振り返り・留意点

演習課題 ✎

ソーシャルスキルトレーニングを考えてみよう

　翌年には学齢期になる5歳児クラスの子ども向けに、小集団形式のソーシャルスキルトレーニングの指導案を考えてみましょう（153-154頁を参照）。

対象となるスキル	
準備物	小道具などを使う場合は記す
保育者の解説	スキルをどのようなときに使うか、使うとどのようなメリットがあるかなど
ロールプレイングの内容	＊模範的な行動パターンの簡単なスクリプト（台本） ＊不適切な行動パターンの簡単なスクリプト（台本） 　注：不適切なパターンはタイプの異なる2例を考えてもよい
子どもの実践	子どもに実践させる際の留意点について記す
振り返り（フィードバック）	子どもたちに振り返りをさせるときの留意点について記す

14 コマ目

乳幼児期の学びの過程と特性

乳幼児期の学びを支える保育

今日のポイント

1 子ども主体の保育計画をつくることが大切である。

2 子どものモデルとなる行動を心がけることが大切である。

3 保育所等・幼稚園と小学校とが連携して就学支援することは、子どもの発達の連続性を遊びと学びのなかで支えることである。

1 主体性を育む保育

1 保育者の関わり

保育者は、子どもにとって重要な人的環境です。以下の3点を心がけましょう。

❶ 安定した信頼関係を築く

保育者は愛着形成を意識し、基本的な信頼関係に基づいた愛着対象の存在になることを目指しましょう。

❷ 子どもの気持ちを受容・共感する

やってみたい気持ちに共感しましょう。また、失敗したときや悲しいときなども子どもの気持ちを代弁し、受容しましょう。

❸ 適切な人間関係を築く

乳児期には子どもの気持ちを十分に受け止めましょう。その思いを代弁し、表現しましょう。子どもは、さまざまな葛藤体験をとおして他者の気持ちを理解することを学びます。けんかや、それを解決しようとする場面では、ときには見守ることも大切です。

2 保育環境

子どもたちが主体的に活動できる環境を構成しましょう。

❶ 自由な環境

禁止事項をなるべく少なくし、発達段階に合わせた自由な環境を保障しましょう。

❷ 子どもがみずから選べる環境

選択肢がたくさん準備されている環境では、豊かな経験と自由な発想ができます。子どもの予想される活動を考え、環境づくりをしましょう。

保育者は子どもにとって絶対の信頼がおける人、いろいろなアイデアを生み出す人であることが大切です。

❸ 子どもと環境の相互作用

準備万端な環境で遊ぶことは、逆に自由な発想を枠組みに押し込めてしまう可能性もはらんでいます。子どものやりたいこととそれに必要な環境および保育者がねらう保育内容の相互作用を意識しましょう。

3　保育計画

子どもがどのような生活を過ごすのかについて、長期では年間計画や月間計画、短期では週間計画や一日のタイムスケジュールを作成します。保育者がねらいをもってつくる保育計画ですが、つくった案にとらわれて、「どうやって計画どおりに活動を進めるか」ということを先に考えてしまい、目の前の子どもたちの姿を見落としてしまう場合があります。子どもの主体性よりも自分の保育を優先してしまうことがあってはなりません。保育者は、子どもの発達に最適であると思う気持ちから保育計画を作成するので、このようなことが起きやすいのですが、注意が必要です。

また、子どもがみずから考えて行動している姿から、保育者がさまざまな遊びの可能性をキャッチして保育のなかに取り入れる援助方法もあります。こちらはいわば、子どもが先であり主になっていますが、子どもの活動や遊びが偏ってしまう可能性があるので、やはり注意が必要です。

● 図表 15-1　バランスよく子どもを見るための保育者の視点

プラスワン

子どもと環境の相互作用

大正から昭和にかけて活躍した幼児教育研究家である倉橋惣三は、下記のように述べている。

「こちらに目的はあるけれども、日々行っていく保育の実際の働きは、子どもの生活の方へこちらから合わせていく」(『幼稚園保育法眞諦』東洋図書、1934年)。

15 コマ目

乳幼児期の学びを支える保育

いずれにしても、保育者が立てた保育計画にとらわれることなく、子どもを主体としてとらえ、常に今ある子どもの姿から保育計画を再構成できるような、柔軟な姿勢が必要です。保育は創造的なものなのです。

■4■ バランスよく子どもを見る

バランスよく子どもを見るためには、図表 15-1 のような視点が必要です。

図表 15-1 でいう「養護の働き」とは、子どもの身になってみること、つまり、基本的に子どもを信頼し存在を認めることです。「教育の働き」とは、保育者の立場を踏まえて保育者の目で見ること、子どもにふさわしい活動を教えることです。

「養護」と「教育」の両面をあわせもち、子どもをバランスよく見ることが大切です。

2 道徳観を育む保育：バンデューラの 観察学習（モデリング事例より）

子どもは、親やきょうだい、友だち、保育者、身近な大人など、他者の行動を見たり聞いたりして行動を学習していきます。目の前で直接見たり聞いたりするだけでなく、テレビやインターネットの配信、雑誌などをとおして、お手本となる人の行動を観察することでも行動を身につけていきます。バンデューラ*は、このような事物や他者の行動をとおして自分の行動を学習することを、観察学習（モデリング）と呼びました。

保育の場面における観察学習についてみていきましょう。たとえば、保育者が子どもを着席させたいとき、なかなか着席しない子どもに対して、「○○ちゃん、早く席について」と指導しても子どもは着席してくれないことが多くあります。このようなとき、保育者がすでに着席している子どもに向かって「△△ちゃん、早く席についてえらいね」とほめると、ほかの子どもたちは自分もほめられたいので、早く席に着こうとします。つまり、子どもは、「席につくとほめられる」ということを友だちの行動と保育者の対応を見て学習したのです。これは、観察学習によってクラス全体に望ましい行動が伝達学習されている例です。

ただし、観察学習は望ましい行動だけが学習されるのではありません。信号のルールを守らずに赤信号で渡っている大人を見ると、赤信号でも車がいなければ渡ってよいのだ、と子どもは学習します。このように子どもは周囲の大人の行動を観察学習しているため、保育者は、子どものお手本となる行動を心がけなくてはなりません。

バンデューラ
Bandura, A.
1925年〜
カナダの心理学者。
社会的学習理論を提唱した。

3 保幼小の連携

1 幼児期から児童期につながる遊びと学習

　「学び」とは、12 コマ目で学習したとおり、学問的な勉強などだけではなく、子どもにとっては遊びが学習の場であり、体験や経験が学習なのです。つまり、遊びは学習の基盤です。「体験」「思考」「自主」「創造」「個性」「協同」の要素が含まれた遊びをとおして、基礎的な生活技術を学んでいきます。

　失敗や成功、心を揺さぶられる感動、協同のなかで、充実感や達成感、ときには葛藤やくやしい気持ちなど、さまざまな感情が子どもの心理的な発達につながっていきます。試行錯誤し、新たな経験を積み重ねることも学習です。「不思議だな」「なぜだろう」「何かな」「知りたい」「試したい」などといった感情が探求心をかき立て、学びが積み上がっていきます。

　子どもは、既存の体験や知識をもとにして考えるため、実体験が少ないと広く深い学びにつながりません。6 歳までは遊び、7 歳からは勉強というようにはっきりと線引きできるものではなく、発達の連続性のなかで遊びから学習へとつながっているのです。

2 小学校教育との接続について

　従来は、子どもの交流、保育者と教師の交流、情報の共有に重点が置かれていましたが、最近では、カリキュラムの接続を重視するようになりました。そのため、保育所等・幼稚園では、小学校を見通した教育・保育の内容により一層の工夫が求められるようになっています。カリキュラムの接続を重視することは、小学校低学年で起きる授業の混乱を軽減する効果があります。特別な支援を必要とされるであろう子どもについての情報の共有も必要です。

　また、子どもの育ちという面では、保育所等・幼稚園と小学校が連携するのみならず、家庭との連携も必要になってきます。基本的生活習慣を身につける乳幼児期には、家庭との連携が欠かせません。子どもが小学校の学習や生活にうまく移行していくためにも、保育所等・幼稚園が連携し、保護者が家庭でできることを援助していく必要があります。

おさらいテスト

❶ 子ども主体の［　　　］をつくることが大切である。
❷ 子どもの［　　　］となる行動を心がけることが大切である。
❸ 保育所等・幼稚園と小学校とが連携して就学支援することは、子どもの［　　　］を遊びと学びのなかで支えることである。

たくさん遊んだ子どもは、新たな知識と自分の体験を結びつけやすく、学習効果が高いといわれています。「よく遊び、よく学べ」ともいいますね。

15 コマ目　乳幼児期の学びを支える保育

問題点を考えてみよう

①保育所等・幼稚園と小学校連携の問題点や課題について話し合ってみましょう。

[

]

②「保育所等から小学校」と「幼稚園から小学校」との移行の違うところと、同じところ
をあげてみましょう。

【違うところ】

[

]

【同じところ】

[

]

演習課題 ✏

話し合ってみよう

- -

　小学校に入学した子どもは、どのようなことを今までと違うと感じるのか想像してみましょう。子どもにとって何が違い、段差を感じるのか意見を出し合ってみましょう。

演習課題の解答例

体験型・自主学習型以外の演習課題の解答例を提示します。
自分で考える際の参考にしましょう。

演習課題 の 解答例

1コマ目の解答例

●22頁「写真から考えてみよう」

①生後8日の新生児の写真は、感情をもって笑っているのではなく、顔の筋肉反射で笑ったように見える「生理的微笑」である。生後6か月の乳児の写真は、保育者にあやされて自分の意思で笑っている「社会的微笑」である。

②ガラガラのおもちゃを顔の近くで振ると、音や動きに喜んだ表情を見せる。自分の意思でガラガラをつかもうと半身を起こしていることから、もうすぐねがえりを打てる状況であることがわかる。遊びのなかで、寝返る方向にうまく誘導するとねがえりができるかもしれない。

●23頁「事例から考えてみよう」

①Tくんが納得する前に叱る、叩くなどしてしまう家族の対応から、Tくんは、家庭内で気持ちを受け止めてもらう経験がこれまで少なかったことが読み取れる。また、母親からはTくんに対する愛情と拒否のアンビバレントな感情がうかがえる。

②落ち着きがなく、乱暴な行動が目立つTくんではあるが、弟を可愛がるなどの行動も示す子なので、優しさを育むような関わり方が必要である。一方で、両親のTくんに向けられる視線は、子どもに対するものとそうでないものとが混在している。Tくんのかわいらしさや日々の保育でできるようになったことなどを伝え、保育者と両親がともに成長を喜べるようにすることが大切である。また、父親が子育てに参加しやすいように、助言をする際には具体的な場面における対応を伝える工夫が必要である。

3コマ目の解答例

●47頁「発達理論について理解を深めよう」

発達段階（年齢）	発達課題	危機
乳児期	基本的信頼感	不信
幼児期前期	自律性	恥・羞恥心
幼児期後期	積極性	罪悪感
学童期	勤勉性	劣等感
青年期	同一性（アイデンティティ）	同一性の拡散
成人期初期	親密性	孤独
成人期	生殖性	停滞
老年期	統合	絶望

4コマ目の解答例

●54頁「一斉保育と自由保育について考えてみよう」

①一斉保育

メリット

・保育活動の目標が明確。子どもたちに指導しやすい。

・皆同じ活動をすることで個々の発達状況や成長を見ることができる。

・一緒に活動することでグループやクラスの協調性が生まれる。

デメリット

・子どもの自由な発想、自主性、自発的な活動の機会が少なくなる。

・保育者の指示を待つことに慣れてしまう。

・発達の個人差から活動内容に差が出る。

②自由保育

メリット

・子どもの自主性が育まれる。自発的な行動ができる。

・興味感心のあること、自由な発想で自由に活動に取り組むことができる。

・子ども同士の関わりが増える。

デメリット

・子ども同士の争い、けんかなどトラブルにつながりやすい。

・集団行動に慣れるのに時間がかかる。

・子ども一人ひとりに対応するため保育者の人数を必要とする。

9コマ目の解答例

●109頁「動画を見て考えよう」

①

動画 9-12：「あっ、ねこがいたよ」

動画 9-17：「ねこちゃん、あそぼう。ぼくはここにいるよ」

動画 9-18：「ねこちゃん、行かないで……あっ、行っちゃった」

10コマ目の解答例

●116頁「考えてみよう」

③歌の動画を見たいと伝えている。

15コマ目の解答例

●168頁「問題点を考えてみよう」

①

・保育所等の保育、幼稚園教育と小学校教育の違いが、お互い十分に理解されていない。

・保育所・認定こども園の場合、就学により管轄官庁が厚生労働省・内閣府から文部科学省に変わる。

②

【違うところ】

・幼稚園は管轄官庁が同じ文部科学省から文部科学省であるが、保育所等は管轄官庁が変わる（保育所は厚生労働省から文部科学省、認定こども園は内閣府から文部科学省）。

【同じところ】

・滑らかな接続のため、子どもの発達の連続性を踏まえ保育内容の工夫を図っている。

・就学に向けて小学校児童との交流機会を設けている。

・小学校教諭と情報共有や相互理解を図っている。

●24-25頁「フェイスシート」の記入例

作成日　　年　　月　　日

（ふりがな） 幼児氏名	○○　○○	性　別	男	生年月日	年　月　日 （○歳○か月）
保護者氏名	○○　○○	本人との 続柄	母	保護者 勤務先 （電話番号）	○○株式会社 （090-○○○-○○○）
現 住 所	〒（×××-○○○○） ○○市　○○町　××番地			緊急時 連絡先 （電話番号）	祖父　○○○○ （090-○○○-○○○）
家族構成	祖父・祖母・父・母・姉・本人				
手帳の有無	有・療育・身体障害・精神障害）　・　無			等級	B 2 （軽度）
生 育 歴 （幼児期まで） ・現在の状況	（気になったこと・身体・健康状態・検診での指摘事項など） ・寝つくまでに時間がかかり、少しの物音で目が覚めた。 ・姉に比べ言葉が出るのが遅かった。 ・やや多動傾向にあるが、興味があるものには集中する。気持ちの切替えがうまくできないことがある。 ・新しいことには戸惑い、泣いてしまうことがある。 ・話しても、目線が合わず、会話がつながらない。				
本人・保護者 の願い	・集団生活のなかで活動に参加し、友だちもたくさんつくって欲しい。				

通院および相談歴			
区　分	機 関 名	期　　間	診断・所見等
通　院	○○クリニック	○○年○○月～ 　　年　　月	自閉的な傾向がみられる。また、知的な遅れもみられるため児童相談所を紹介された。
		年　　月～ 　年　　月	
相談歴	児童相談所	○○年○○月	心理判定と医師による診断から軽度知的障害の手帳を受けた。月に1度療育相談に通っている。
		年　　月	
		年　　月	

現在受けている支援				
分野	機関名	電話番号	担当者名	支援の内容
地域・その他	○○市	××-○○○○	保健師	・2か月に1度の支援訪問
福祉	○○療育センター	××-○○○○	○○相談員	・週1度の親子小集団活動に参加している。
受けたい支援・困っていること				

・友だちと遊んだり、一緒に行動したりすることが難しい。
・個別支援を受けながら、集団生活にもふれさせたい。

参考文献

1コマ目

ヴィゴツキー／土井捷三・神谷栄司訳 『「発達の最近接領域」の理論――教授・学習過程における子どもの発達』 三学出版 2003年

西澤哲 『子ども虐待』 講談社 2010年

山下俊郎 『幼児心理学』 朝倉書店 1955年

Scammon, R. E. (1930). "The measurement of the body in childhood." In Harris, J. A., Jackson., C. M., Paterson, D. G. & Scammon, R. E. (Eds.), *The Measurement of Man*. Minneapolis: University of Minnesota Press, pp.171-215.

Shirley, M. M. (1931). *The First Two Years: A Study of Twenty-Five Babies. Vol. I: Postural and Locomotor Development*. Minneapolis: University of Minnesota Press.

Shirley, M. M. (1933a). *The First Two Years: A Study of Twenty-Five Babies. Vol. 2: Postural and Locomotor Development*. Minneapolis: University of Minnesota Press.

Shirley, M. M. (1933b). *The First Two Years: A Study of Twenty-Five Babies. Vol. 3: Postural and Locomotor Development*. Minneapolis: University of Minnesota Press.

2コマ目

東洋 「知的行動とその発達」 岡本夏木・古沢頼雄・高野清純・波多野誼余夫・藤永保編 『認識と思考』 金子書房 1969年 3-22頁

D.N.スターン／神庭靖子・神庭重信訳 『乳児の対人世界 理論編』 岩崎学術出版社 1989年

Gesell, A. & Thompson, H. (1929). "Learning and growth in identical infant twins: An experimental study by the method of cotwin control." *Genetic Psychology Monographs*, 6, pp.1-124.

Hilgard, J. R. (1933). "The effect of early and delayed practice on memory and motor performances studied by the method of co-twin control." *Genetic Psychology Monographs*, 14, pp.493–567.

Jensen, A. R. (1968). "Social class, race, and genetics: Implications for education." *American Educational Reasearch Journal*, 5, pp.1-42.

Piaget, J.(1952).*The origins of intelligence in children*.(Trans.by Cook, M.), New York:International University Press.

Strayer, L. C.(1930). "Language and growth The relative efficacy of early and deferred vocabulary training, studied by the method of co-twin control." *Genetic Psychology Monographs*, 8, pp.215-317.

3コマ目

大橋喜美子 『理論と子どもの心を結ぶ― 保育の心理学』 保育出版社 2014年

小此木啓吾 『フロイト精神分析入門』 有斐閣 1977年

長崎勤・古沢頼雄 『臨床発達心理学概論 発達支援の理論と実際』 ミネルヴァ書房 2002年

松本園子編著 『子ども家庭支援の心理学』 ななみ書房 2019年

無藤隆編著 『発達心理学入門(1)乳児・幼児・児童』 東京大学出版会 1990年

無藤隆編著 『発達心理学』 ミネルヴァ書房 2001年

4コマ目

秋田喜代美編著 『保育内容 環境(第3版)』 みらい 2018年

汐見稔幸・松本園子 『日本の保育の歴史――子ども観と保育の歴史150年』 萌文書林 2017年

長谷部比呂美・日比暁美 『保育の心理学』 ななみ書房 2019年

本郷一夫・飯島典子編著 『保育の心理学』 建帛社 2019年

松本園子・永田陽子 『子ども家庭支援の心理学』 ななみ書房 2019年

5-8コマ目

乾敏郎　『脳科学からみる子どもの心の育ち』　ミネルヴァ書房　2013年

榎本淳子・藤澤文編　『エビデンスベースの教育心理学』　ナカニシヤ出版　2020年

小池庸生・藤野信行編著　『幼児教育と保育のための発達心理学』　建帛社　2012年

R. J. ハヴィガースト／児玉憲典・飯塚裕子訳　『ハヴィガーストの発達課題と教育』　河島書店　1997年

本郷一夫編著　『保育の心理学Ⅰ・Ⅱ』　建帛社　2009年

武藤隆・岡本祐子・大坪治彦編　『よくわかる発達心理学』　ミネルヴァ書房　2009年

9コマ目

D. I. スロービン／宮原英種ほか訳　『心理言語学入門』　新曜社　1975年

三宅和夫　「幼児発達と母子関係」『幼児教育』73（2）　1974年　8-13頁

Nelson, K. (1973). "Structure and strategy in learning to talk : Monographs of the society research." *Child Development*, 38, pp.1-135.

Stark, R. E. (1979). "Prespeech segmental feature development." In Fletcher, P. & Garman, M. (Eds.), *Language Acquisition: Studies in First Language Development*. Cambridge: Cambridge University Press, pp.15-32.

Stark, R. E. (1980). "Stages of speech development in the first year of life." In Yeni-Komshian, G. H., Kavanagh, J. F. & Ferguson, C. A. (Eds.), *Child Phonology. Vol. 1. Production*. New York: Academic Press, pp.73-92.

10コマ目

秋田喜代美・野口隆子　『保育内容　言葉』　光生館　2018年

太田光洋　『保育内容・言葉（第3版）』　同文書院　2018年

11コマ目

日本精神神経学会監修　『DSM−5精神疾患の分類と診断の手引き』　医学書院　2014年

文部科学省　「特別支援教育の推進について（通知）」　2007年

文部科学省　「共生社会の形成に向けたインクルーシブ教育システム構築のための特別支援教育の推進（報告）」　2012年

文部科学省　「通常の学級に在籍する発達障害の可能性のある特別な教育的支援を必要とする児童生徒に関する調査結果について」　2012年

文部科学省　「特別支援教育について」
https://www.mext.go.jp/a_menu/shotou/tokubetu/main.htm（2021年1月27日確認）

12-14コマ目

大村彰道編　『教育心理学I発達と学習指導の心理学』　東京大学出版会　2005年

外山紀子・外山美樹　『やさしい発達と学習』　有斐閣　2010年

Bandura, A. & Ross, S. A. (1963)．"Imitation of film-mediated aggressive models."*Journal of Abnormal and Social Psychology*, 66, pp. 3-11.

15コマ目

秋田喜代美編著　『保育内容 環境（第3版）』　みらい　2018年

大橋喜美子編著　『理論と子どもの心を結ぶ──保育の心理学』　保育出版社　2014年

厚生労働省　「保育所保育指針解説」　2018年

酒井朗・横井紘子　『保幼小連携の原理と実践──移行期の子どもへの支援』　ミネルヴァ書房　2011年

内閣府　「幼保連携型認定こども園教育・保育要領解説」　2018年

本郷一夫　飯島典子編著　『保育の心理学』　建帛社　2019年

文部科学省　「幼稚園教育要領解説」　2018年

索引

監修者、執筆者紹介

●監修者

松本峰雄(まつもと　みねお)
元千葉敬愛短期大学現代子ども学科教授
『保育者のための子ども家庭福祉』(萌文書林)
『教育・保育・施設実習の手引』(編著・建帛社)
『はじめて学ぶ社会福祉』(共著・建帛社)

●執筆者(50音順)

大野雄子(おおの　ゆうこ)
1、2、9、10コマ目を執筆
千葉敬愛短期大学現代子ども学科教授
公認心理師　臨床心理士
『スキルアップ　保育園・幼稚園で使えるカウンセリング・テクニック』
(共著・誠信書房)
『教師と学生が知っておくべき教育心理学』(共著・北樹出版)

小池庸生(こいけ　のぶお)
5～8コマ目を執筆
育英短期大学現代コミュニケーション学科教授
『幼児教育と保育のための発達心理学』(編著・建帛社)
『乳幼児の発達と教育心理学』(共著・建帛社)

小林　玄(こばやし　しずか)
11～14コマ目を執筆
東京学芸大学障がい学生支援室講師
公認心理師　学校心理士SV　特別支援教育士SV
ガイダンスカウンセラー
『改訂版　特別支援教育基本用語100──解説とここが知りたい・
聞きたいQ&A』(共著・明治図書)
『発達障害の子の保育　さいしょの一冊』(共著・ユーキャン学び出版)

前川洋子(まえかわ　ようこ)
3、4、15コマ目を執筆
豊岡短期大学通信教育部こども学科専任講師
『保育士を育てる⑨　子ども家庭支援論』(共著・一藝社)

編集協力：株式会社桂樹社グループ
表紙・本文イラスト：植木美江
本文イラスト：植木美江、寺平京子
装丁・デザイン：中田聡美

よくわかる！保育士エクササイズ④

保育の心理学　演習ブック［第2版］

2016年10月10日　初版第1刷発行
2019年4月25日　初版第2刷発行
2021年4月20日　第2版第1刷発行

〈検印省略〉

定価はカバーに
表示しています

監修者　松　本　峰　雄
　　　　大　野　雄　子
著　者　小　池　庸　生
　　　　小　林　　　玄
　　　　前　川　洋　子
発行者　杉　田　啓　三
印刷者　藤　森　英　夫

発行所　株式会社　ミネルヴァ書房
607-8494　京都市山科区日ノ岡堤谷町1
電話代表（075）581-5191
振替口座　01020-0-8076

ISBN978-4-623-09066-2
Printed in Japan

よくわかる！ 保育士エクササイズ

B5判/美装カバー

① 保育の指導計画と実践 演習ブック
門谷真希/山中早苗 編著　北村麻樹/辻柿光子/南 真由美/門谷有希 著　　　本体2200円＋税

② 子どもの保健 演習ブック
松本峰雄 監修　小林 玄/桜井ますみ/長谷川美貴子/堀田正央 著　　　本体2200円＋税

③ 子どもの食と栄養 演習ブック [第2版]
松本峰雄 監修　大江敏江/小林久美/土田幸恵/林 薫/廣瀬志保 著　　　本体2500円＋税

④ 保育の心理学 演習ブック [第2版]
松本峰雄 監修　大野雄子/小池庸生/小林 玄/前川洋子 著　　　本体2200円＋税

⑤ 乳児保育 演習ブック [第2版]
松本峰雄 監修　池田りな/才郷眞弓/土屋 由/堀 科 著　　　本体2500円＋税

⑥ 保育の計画と評価 演習ブック
松本峰雄 監修　浅川繭子/新井祥文/小山朝子/才郷眞弓/松田清美 著　　　本体2200円＋税

⑦ 子どもの保健と安全 演習ブック
松本峰雄 監修　小林 玄/桜井ますみ/長谷川美貴子/堀田正央 著　　　本体2500円＋税

⑧ 子どもの理解と援助 演習ブック
松本峰雄 監修　伊藤雄一郎/小山朝子/佐藤信雄/澁谷美枝子/増南太志/村松良太 著
　　　本体2500円＋税

⑨ 障害児保育 演習ブック
松本峰雄 監修　増南太志 編著　　　近 刊

＝以下続刊＝

☆別巻DVD☆

乳幼児を理解するための保育の観察と記録
学校法人西大和学園　白鳳短期大学 監修　　　本体25000円＋税

ミネルヴァ書房
https://www.minervashobo.co.jp/